Accounting Textbook Series in 21st Century

21世纪会计学系列教材

《成本会计》(第四版)学习指导与练习

胡玉明　潘敏虹　主编

厦门大学出版社 XIAMEN UNIVERSITY PRESS | 国家一级出版社 全国百佳图书出版单位

图书在版编目(CIP)数据

《成本会计》(第四版)学习指导与练习/胡玉明,潘敏虹主编.—4版.—厦门:厦门大学出版社,2019.8
ISBN 978-7-5615-7525-3

Ⅰ.①成… Ⅱ.①胡…②潘… Ⅲ.①成本会计—教材 Ⅳ.①F234.2

中国版本图书馆CIP数据核字(2019)第141626号

出版人 郑文礼
责任编辑 陈丽贞

出版发行 厦门大学出版社
社址 厦门市软件园二期望海路39号
邮政编码 361008
总机 0592-2181111 0592-2181406(传真)
营销中心 0592-2184458 0592-2181365
网址 http://www.xmupress.com
邮箱 xmup@xmupress.com
印刷 厦门集大印刷厂

开本 720 mm×1 000 mm 1/16
印张 14.75
字数 273千字
印数 1～2 000册
版次 2019年8月第4版
印次 2019年8月第1次印刷
定价 36.00元

厦门大学出版社
微信二维码

厦门大学出版社
微博二维码

第四版前言

本书是厦门大学出版社出版的21世纪会计学系列教材《成本会计》(第四版)的配套用书。

根据读者的反馈意见,为了更好地体现中国企业会计准则和成本核算制度的变化,作者对《成本会计》(第三版)进行了修订和增补。本配套用书也相应地进行了修订和增补。修订和增补工作由暨南大学会计学系胡玉明教授负责。

作者衷心希望能够做好本配套用书的修订和增补工作,无奈时间和水平所限,本书依然难免存在错误或不妥之处。敬请广大读者批评指正。

编　者

2019年6月3日

第三版前言

本书是厦门大学出版社出版的21世纪会计学系列教材《成本会计》(第三版)的配套用书。

本次作者根据读者的反馈意见和中国《企业会计准则》(2006)的精神,对教材《成本会计》(第二版)进行了修订,本配套书也相应地进行了修订。修订工作由暨南大学会计学系胡玉明教授负责。

尽管作者尽力做好本书的修订工作,无奈时间和水平所限,书中依然难免存在错误或不妥之处。敬请广大读者批评指正。

编　者

2010年3月16日

第二版前言

本书是厦门大学出版社出版的21世纪会计学系列教材《成本会计》(第二版)的配套用书。

鉴于《成本会计》(第二版)在原有基础上增加了第十三章至第十七章等五章的内容,本书自然也应该相应地增补、修订。

本书的增补工作由暨南大学会计学系胡玉明教授和潘敏虹副教授共同编写。所增补的各章编写工作分工如下:潘敏虹副教授负责编写第十三章和第十四章,胡玉明教授负责编写第十五章、第十六章和第十七章。胡玉明教授负责全书的定稿工作。

尽管我们尽力做好本书的编写工作,但是,限于我们的水平与时间限制,书中难免存在不妥之处。敬请各位读者批评指正。

编　者

2009年2月16日

第一版前言

本书是厦门大学出版社出版的21世纪会计学系列教材《成本会计》的配套用书。

全书以《成本会计》教材为基础,按照教材的章节顺序依次介绍各章的基本内容和学习的重点与难点。在各章的学习要点中,对各章的教学内容、重点与难点进行了提炼,以利于读者的复习或自学。为了帮助读者加深对教材基本内容的理解与把握,巩固所学的知识,针对各章的重点与难点,本书提供了各种形式的习题并附有参考答案。

本书由暨南大学会计学系胡玉明教授和潘敏虹副教授共同编写。各章编写工作的分工是:胡玉明教授负责编写第一章、第四章、第七章、第十章、第十一章和第十二章;潘敏虹副教授负责编写第二章、第三章、第五章、第六章、第八章、第九章。胡玉明教授负责全书的定稿工作。

尽管我们尽力做好本书的编写工作,但是,限于我们的水平与时间限制,书中难免存在不妥之处。敬请各位读者批评指正。

编　者

2006年4月18日

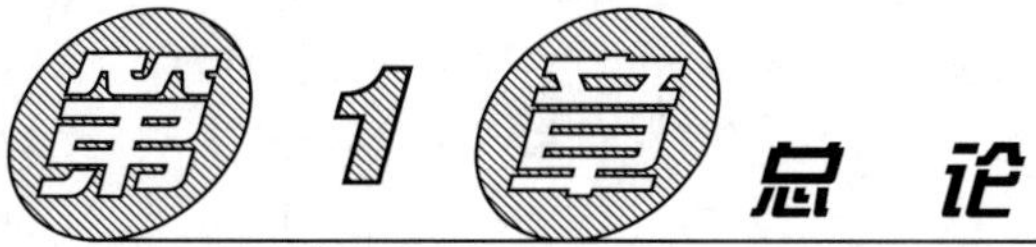

第1章 总论

本章要点

本章以成本会计的基本概念为基础，立足于企业经营过程的资金运动，阐述成本核算的基本要求与程序，并在此基础上，描述生产费用的分类，为以后各章的学习奠定基础。

在会计学上，成本(cost)与费用(expense)有所不同。

在市场经济环境下，企业生产的产品首先必须是符合市场需求的商品。任何商品都是价值与使用价值的统一体。根据经济学的一般原理，商品的价值取决于生产该种商品的社会必要劳动时间(量)。它包括：(1)生产过程中已经消耗的生产资料部分(C)；(2)劳动者为自己劳动所创造的价值(V)；(3)劳动者为社会劳动所创造的价值(M)。在商品价值的三部分中，前两者(C＋V)就是企业生产产品过程中发生的成本。因此，成本是企业在生产过程中，为了生产产品而耗费的物化劳动和活劳动的总和，它是一种补偿价值。

费用则是指企业为了销售商品、提供劳务等日常活动所发生的经济利益的流出。显然，费用的概念表述与收入概念相匹配，体现了会计学的"配比原则"。企业应当将当期已经销售的产品或已经提供劳务的成本转为当期的费用。

由此，企业在生产经营过程中所发生的成本，按其时间归属应当划分为产品成本与期间费用两大类。产品成本是费用的对象化，具有明确的承担客体。期间费用与特定的产品没有关系。期间费用包括营业费用、管理费用和财务费用，它们在发生当期一次转入当期损益。无论是成本还是费用都是企业生产经营过程中所发生的耗费，可以统称为生产经营费用。

图1-1描述了成本与费用的关系。

成本会计(cost accounting)，通俗地说，就是运用会计的基本原理和一般

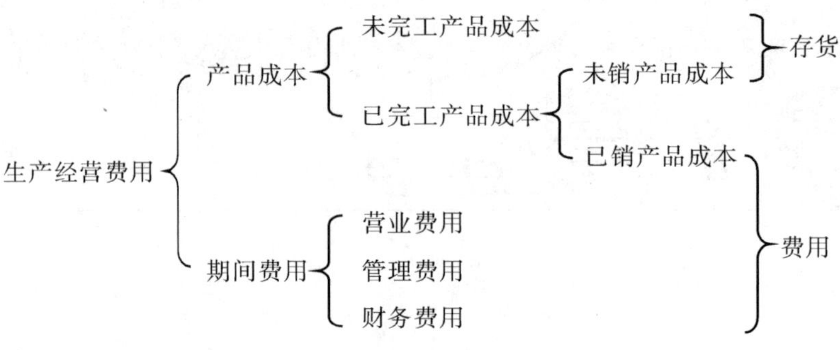

图 1-1　成本与费用的关系

原则,采用一定的技术方法,结合企业具体的生产经营特点,对企业生产经营过程中所发生的各项费用和产品或劳务成本进行连续、系统、全面、综合核算和监督的一种会计分支。

成本会计是现代会计学的一个重要分支,它自然应该遵循会计学的基本原理和一般原则。过去,成本会计的对象只是企业生产经营过程中所发生的各项成本与费用。从这个意义上说,成本会计实际上就是成本与费用会计。

如今,成本会计已经得到迅速发展。现代成本会计已经从单纯的成本与费用核算,发展到成本核算与成本管理相结合,即"管算"结合,以成本信息为基础,强调"不同目的,不同成本"(different costs for different purposes),即成本信息的相关性。因此,现代成本会计所提供的信息必须满足存货计价与收益确定、管理控制、经营决策三个目的。有鉴于此,本书的前面部分(第一章至第十二章)主要围绕"存货计价与收益确定"这个目的讨论成本与费用的核算和分析,而本书后面部分(第十三章至第十八章)主要围绕"管理控制"与"经营决策"这两个目的讨论成本会计问题。

企业产品的生产过程,既是价值的创造过程,也是生产费用的发生过程和成本的形成过程。一方面,员工借助劳动资料对劳动对象进行加工,制造出能够满足社会需要的某种或多种产品;另一方面,又必然会发生各种材料费用、人工费用、固定资产折旧费用、修理费用以及其他费用等。

在企业产品的生产过程中,随着各种材料的投入使用和人工费用的消耗,企业的资金形态由储备资金或货币资金转化为生产资金;同时,在生产过程中使用的固定资产和低值易耗品,也以折旧或摊销的形式将其资产价值转化为成本费用(产品成本或期间费用)。而后,随着完工产品的验收入库,生产资金又转化为成品资金。

企业经营资金的运动过程如图1-2所示。

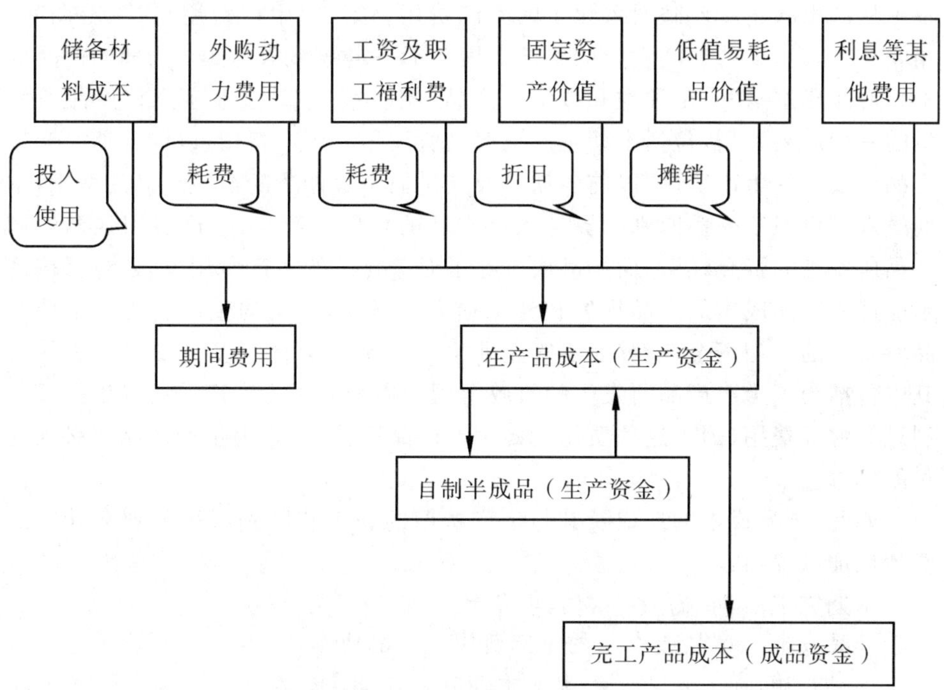

图1-2 企业经营资金的运动过程

产品的生产过程同时也是产品成本的形成过程。为了生产产品，企业必然会发生各种材料费用、人工费用、固定资产折旧费用、组织和管理产品生产的各项间接费用等。企业在一定时期内为生产产品所发生的一切资金耗费，就是生产费用（它是广义的生产费用概念）。生产费用的对象化（即将生产费用归属于一定种类和数量的产品之中），就形成了产品成本。产品成本（即产品的生产成本或制造成本）是指一定种类和数量的产品所负担的生产费用。

产品成本与生产费用是既有联系、又不完全相同的两个概念。它们的联系在于产品成本首先是生产费用，只有生产费用才能计入产品成本。但是，产品成本又不等于生产费用，它与一定种类和数量的产品相联系（而不是与一定期间相联系），从"产出"的角度来界定。如前所述，产品成本是对象化了的生产费用。生产费用的对象化，就形成了产品的成本。然而，产品成本与生产费用又存在区别。这主要表现在:第一,生产费用从投入的角度反映企业产品生产过程所发生的资金耗费,它的发生并不意味着产品成本已经形成。产品成本则从产出的角度反映对象化了的生产费用。第二,生产费用与“一定期间”相联系,但是,某一期间发生的生产费用并不一定能够全部计入当期的产品成本。产品成本与“一定种类和数量的产品”相联系,它是企业生产该产品所发生的一切产品费用,包括本期生产该产品所发生的生产费用,以前各期生产该产品所发生的生产费用,以前各期已经支付但于本期摊配给该产品的费用,本期虽未支付但按受益原则预提计入该产品的费用。第三,生产费用强调生产产品所发生的资金耗费,而产品成本除了对象化了的生产费用外,还包括按规定应计入产品成本的废品损失和停工损失。第四,广义的生产费用是生产产品所发生的一切资金耗费(而不管企业会计准则和会计制度是如何规定的)。其中包括为了生产产品所发生的行政管理费用和为了生产产品所发生的债务利息等财务费用(因为这些费用均与生产产品有关,也是为生产产品所必须支付的代价)。

如此,产品成本的形成及其与生产费用的联系和区别可用下列会计等式清楚地加以说明:

本期完工产品成本 = 期初在产品成本 + 本期发生的生产费用 − 期末在产品成本

或:期初在产品成本 + 本期发生的生产费用 = 本期完工产品成本 + 期末在产品成本

为了充分发挥成本会计信息的功能,企业在成本核算工作中,除了应该遵循会计核算的一般原则外,还应符合一些特有的各项要求和程序。

成本核算的基本要求包括:(1)划分各种费用的界限;(2)完善成本核算的各项基础工作。

为了正确地计算产品成本,合理地归集有关期间费用,必须:第一,划分收益性支出与资本性支出、营业外支出的界限;第二,划分生产费用与期间费用的界限;第三,划分各个会计期间的费用界限;第四,划分各种产品的费用界限;第五,划分本期完工产品与期末在产品的费用界限。

为了规范企业的成本核算工作,确保成本信息质量,提高成本核算工作效率,企业必须完善成本核算的各项基础工作。这包括:第一,建立和健全企业的各项定额管理制度;第二,建立和健全存货的计量、收发、领退和盘点制度;第三,建立和健全企业有关成本核算的原始记录和凭证制度;第四,完善企业的内部结算制度,合理确定内部结算价格。

由于各企业生产经营过程的特点和管理要求不同，其产品成本核算的方法和步骤也会有所不同。总体上说，企业产品成本核算的基本程序包括：设置产品成本计算单，审核生产费用原始凭证并进行要素费用的分配，按照受益原则分配各种跨期摊提费用，在各成本计算对象之间分配当期发生的各种生产费用，计算本期完工产品成本总额和单位成本。图 1-3 描述了企业成本核算程序。

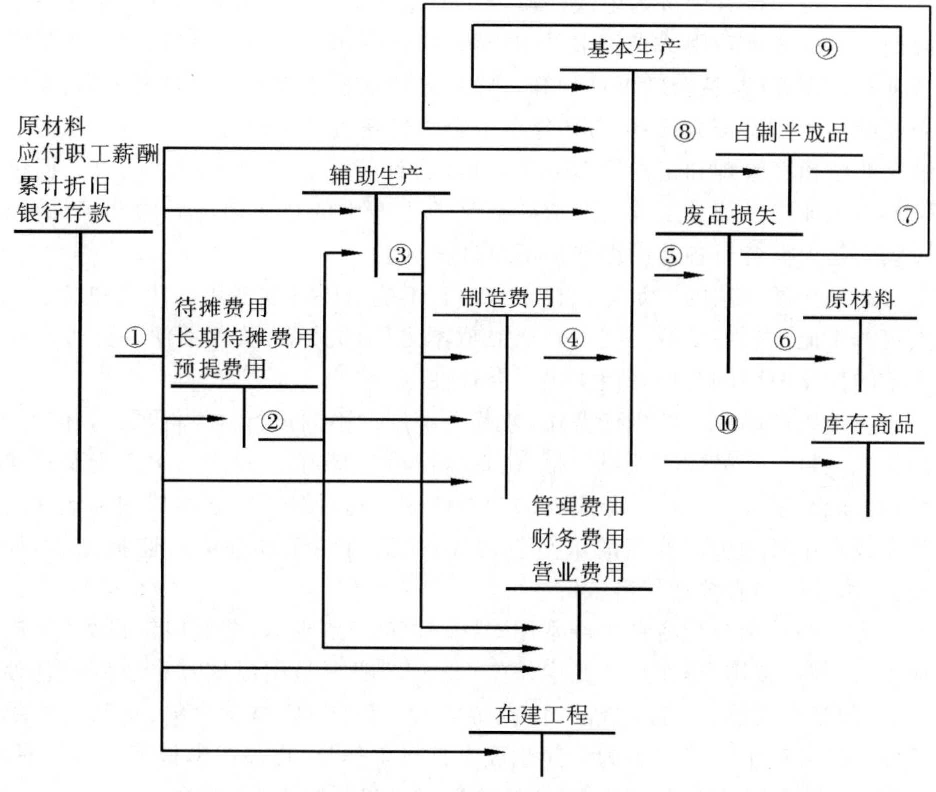

图 1-3 企业成本核算程序

说明：①要素费用的分配；②跨期摊提费用的分配；③辅助生产费用的分配；④制造费用的分配；⑤结转不可修复废品的生产成本；⑥结转废品残值；⑦将废品损失转入本期生产的同种产品成本；⑧结转入库的自制半成品成本；⑨结转车间领用的自制半成品成本；⑩结转入库的完工产品成本。

为了正确地归集和反映各项生产费用，划分产品成本和期间费用的界限，必须对企业发生的各项生产费用进行合理的分类，并按产品成本核算和期间费用核算的要求设置必要的生产费用账户。

企业生产费用既可以按其经济内容或性质分为若干要素费用,也可以按其经济用途分为若干成本项目。

按生产费用的经济内容或性质不同进行分类的项目,称为生产费用要素(或称要素费用)。生产费用要素包括:(1)外购材料;(2)外购燃料;(3)外购动力;(4)工资;(5)职工福利费;(6)折旧费;(7)利息支出;(8)其他费用。

生产费用按其经济内容或性质分类的意义在于:(1)有利于分析企业各个时期发生的各种费用的支出水平和结构,加强费用管理。(2)可以为企业制定各种费用预算(包括劳动工资预算)、确定各项消耗定额和储备资金定额、编制企业的物资采购资金预算、考核储备资金周转速度等提供必要的资料,从而加强企业的预算管理和定额管理。(3)可以为计算工业净产值和国民收入提供资料。工业净产值是工业总产值减去工业生产中的物质消耗后的差额,而国民收入是根据各行各业的净产值汇总计算的。

这种分类方法的不足之处在于:(1)它不能反映各项费用的用途和发生地点;(2)不能反映各项费用支出与产品成本之间的关系,从而不便于分析产品成本的变化原因和各项费用支出的合理性。

应计入产品成本的生产费用,按其经济用途不同进行分类的项目,称为产品成本项目。产品成本项目包括:(1)原材料;(2)燃料及动力;(3)工资及福利费;(4)废品损失;(5)停工损失;(6)制造费用。这种分类方法可以明确地反映产品成本中各种生产耗费的水平与构成,从而有利于加强成本监督、成本控制、成本分析和有关业绩考核。

为了归集和分配各种生产费用,计算完工产品成本,企业应该设立"生产成本"、"制造费用"等账户。其中,"生产成本"账户是用以核算企业生产各种产品(包括产成品、自制半成品、提供劳务)、自制工具、自制材料、自制设备等所发生的各项生产费用。为了简化成本核算工作量,提高成本核算工作效率,可将"生产成本"账户分解为"基本生产"和"辅助生产"两个账户。

此外,为了反映和监督库存半成品的增减变化及其结存情况,还应设立"自制半成品"账户;为了归集和分配跨期摊提费用,还应设立"待摊费用"、"长期待摊费用"、"预提费用"等账户;为了归集和结转各项期间费用,还应设立"管理费用"、"财务费用"等账户;为了单独核算废品损失和停工损失,还可以增设"废品损失"、"停工损失"账户。

习 题

一、判断题

1.成本是企业为生产产品或提供劳务而发生的各种耗费。因此,成本是对象化的生产费用。( )

2.企业在经营过程中所发生的一切支出都是企业的成本。( )

3.产品成本与生产费用在经济内容上完全一致。( )

4.成本会计就是计算成本的会计。( )

5.产品生产过程也是产品成本形成过程。( )

6.资本性支出应该记入本期产品成本。( )

7.企业设置“待摊费用”和“预提费用”账户的目的在于体现权责发生制。( )

8.生产费用按照经济内容分类,称为成本项目。( )

9.正确计算期末在产品成本是正确计算本期完工产品成本的关键。( )

10.制造费用是成本项目。( )

二、选择题

1.成本是产品价值中的( )部分。

A.C+V+M　　B.C+V

C.V+M　　D.C+M

2.构成产品成本的各项耗费指的是企业的( )。

A.生产经营费用　　B.生产费用

C.期间费用　　D.生产费用和期间费用

3.成本会计的基础工作主要是指建立和健全( )。

A.原始记录　　B.定额管理制度

C.计量和验收制度　　D.内部结算价格制度

4.下列项目属于生产费用要素的是( )。

A.外购材料　　B.职工福利费

C.折旧费　　D.制造费用

5.下列支出不应计入产品成本的项目有( )。

A.产品生产耗用材料　　　　B.生产单位管理人员工资

C.车间生产设备的折旧费　　D.从事自制设备工程的人员工资

6.本应由本期负担的费用如果误列入待摊费用会(　　)。

A.虚增本期利润　　　　B.虚减本期利润

C.简化成本计算　　　　D.节约费用

7.需要在各个成本对象之间分配的生产费用数额指的是(　　)。

A.期初在产品成本

B.本期发生的生产费用

C.期末在产品成本

D.期末在产品成本加上本期发生的生产费用

8.成本项目包括(　　)。

A.利息支出　　　　B.原材料

C.制造费用　　　　D.工资及福利费

9.正确划分各期费用的界限,必须正确划分(　　)等项目与当期费用的界限。

A.待摊费用　　　　B.期间费用

C.预提费用　　　　D.长期待摊费用

10.成本核算的一般程序包括(　　)。

A.费用的审核

B.生产费用在各个成本对象之间的分配

C.期间费用在各个成本对象之间的分配

D.生产费用本期完工产品与期末在产品之间的分配

三、问答题

1.何谓成本?何谓费用?两者有何关系?

2.如何理解"企业产品的生产过程,既是价值的创造过程,也是生产费用的发生过程和成本的形成过程"?

3.企业成本核算如何划清各种费用的界限?

4.简述成本核算的各项基础工作。

5.如何理解成本核算程序体现了成本核算要求的"划分费用五个方面的界限"?

6.如何进行生产费用的分类?

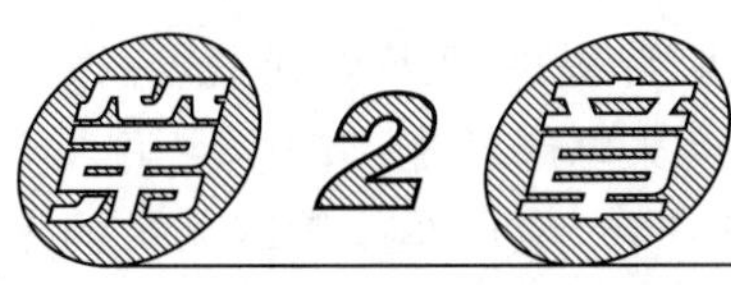

第2章 成本费用的归集与分配（上）

本章要点

要素费用的分配是成本费用核算的重要内容。企业发生各项要素费用后，首先要对各项费用凭证进行审核，只有符合产品成本、期间费用开支范围的支出，才能计入产品成本或期间费用，然后，根据各项费用的发生地点和用途进行分配。

材料费用的汇集实际上是指材料采购成本的核算。外购材料的成本主要包括：(1)买价，即采购价格。(2)材料采购费用，即材料存入库以前发生的各种附带成本，包括运输费、装卸费、保险费、仓储费、运输途中的合理损耗、有关税金等。对于各种附带成本，凡能分清归属的，可直接计入各种材料的采购成本；不能分清归属的，可根据各种材料的特点，采用一定的分配标准和分配方法分配计入各种材料的采购成本。其分配标准通常有材料的重量、体积、买价等。

材料费用分配的核算包括直接材料消耗和间接材料消耗的核算。对于直接的材料消耗，不论耗用外购材料还是耗用自制材料，都根据审核后的领退料凭证，按照材料的具体用途进行费用的分配。对于几种产品共同耗用的各种间接的材料消耗，应选择适当的标准，采用一定的分配方法分配计入各种产品成本。

工业企业必须按照国家规定的工资总额的组成内容进行工资费用的核算。企业在工资费用核算时必须注意以下两个方面的问题：(1)划清工资总额组成与非工资总额组成的界限。(2)工资总额的组成内容与计入产品成本及经营管理费用的工资费用是有所区别的，即企业的工资总额并非全部计入产品成本及经营管理费用。

考勤记录是登记出勤和缺勤时间与情况的原始记录。产量记录是登记工人或生产班组出勤时间内完成产量和耗用工时的原始记录。最基本的工资制度是计时工资制度和计件工资制度。

人工费用包括实际发生的工资性费用及相应计提的职工福利费,应按其发生的地点和用途进行分配。对于生产车间直接从事产品生产的生产工人工资,应记入"生产成本"账户中的"直接工资"成本项目,生产车间管理人员的工资,应记入"制造费用"账户;行政管理人员的工资应列入"管理费用"账户;福利部门人员的工资,应记入"应付职工薪酬"账户;固定资产大修理等工程人员的工资,应记入"在建工程"账户;专设销售机构人员的工资,则应记入"营业费用"账户。按各类人员工资额提取的职工福利费的分配,除福利部门工作人员计提的职工福利费外,与工资费用的分配原则相同,即工资费用记入什么账户,提取职工福利费也列入什么账户。对于按福利部门工作人员工资额计提的职工福利费,记入"管理费用"账户借方和"应付职工薪酬"账户的贷方。

固定资产折旧费的归集是通过编制各车间、部门固定资产折旧计算明细表,进而汇总编制全厂的折旧计算汇总表进行的。企业按规定计提的折旧费,应根据固定资产的使用地点和用途进行分配,分别列入不同账户。对于生产车间使用的固定资产应计提的折旧,应计入"制造费用"账户;行政管理部门使用的固定资产应计提折旧,应计入"管理费用"账户;出租固定资产应计提的折旧,应列入"其他业务支出"账户;福利部门使用固定资产应提取的折旧费,应列入"应付职工薪酬"账户。在借记这些账户的同时,应贷记"累计折旧"账户。

外购动力费用应根据用途和使用部门进行分配。对于直接用于生产的外购动力费用,记入"生产成本"账户及其明细账,列入"燃料和动力"项目。对一般用途的外购动力费用,则按其使用部门分别记入"制造费用"、"管理费用"等账户。计入成本费用的外购动力费金额,如果存在仪表记录,按仪表抄录数和单价直接计入;如果没有仪表记录,可按一定标准进行分配。

低值易耗品摊销计入产品成本或费用有三种处理方式:(1)作为直接费用记入产品成本明细账;(2)按发生地点计入综合费用,然后通过综合费用分配计入账户;(3)领用低值易耗品时,先记入"待摊费用"或"长期待摊费用"账户,分期摊入有关成本费用时,再从"待摊费用"或"长期待摊费用"账户转入"制造费用"、"管理费用"等账户。由于低值易耗品摊销在产品成本中所占比重较小,一般不专设成本项目。低值易耗品摊销的方法包括一次摊销法、分期摊销法和"五五"摊销法。

待摊费用是指本期发生,但应由本期和以后各期产品成本或经营管理费用共同负担的费用。待摊费用包括低值易耗品摊销、出租出借包装物摊销、预付保险费、待摊的固定资产修理费用、预付固定资产租金,以及一次购买印花税票和一次交纳印花税额较多、需要分期摊销的税金等。待摊费用的摊销期限最长为一年。如果其摊销期限超过一年,应该作为“长期待摊费用”处理。

与待摊费用相反,预提费用属于发生在前、支付在后的费用。可以预提的费用,一般有借款利息、大修理费用、固定资产租金和保险费等。

制造业的生产按其生产职能可以划分为基本生产和辅助生产。辅助生产是指为保证基本生产经营正常进行而向基本生产车间、行政管理部门提供产品或劳务的生产活动。为了正确核算辅助生产费用,计算辅助生产产品或劳务的成本,企业应设置“辅助生产”账户,据此进行辅助生产费用的归集与分配。辅助生产发生的所有生产费用,按车间进行归集以后,在期末要采用一定的方法,按照一定的标准在各个受益对象之间进行分配。辅助生产费用的分配,应通过辅助生产费用分配表进行。分配辅助生产费用的方法很多,主要包括直接分配法、交互分配法、代数分配法和按计划成本分配法四种方法。

习　题

一、填空题

1.要素费用分配的一般原则是:凡是属于(　　)应直接计入产品成本,属于(　　)则可经归集后,(　　)计入产品成本。

2.分配间接材料费用的标准主要有产品重量、(　　)、产品产量、(　　)和(　　)等。

3.材料收发结存的日常核算,可以按照材料的实际成本进行,也可以先按材料的(　　)进行,月末计算(　　),将发出材料的计划成本调整为(　　)。

4.按实际成本进行存货核算时,发出材料的计价方法有先进先出法、(　　)、全月一次加权平均法、(　　)和(　　)。

5.“材料采购”账户借方反映(　　),贷方反映(　　)。月末借方余额为(　　)。

6.材料分配标准的合理,是指所采用的分配标准与所分配的费用(　　)。

7.工资费用的分配,是将企业职工工资作为一种费用,按照它的(　　)进行归集和分配。

8.我国企业职工福利费是按照职工工资的(　　)计提,并计入产品成本和期间费用。

9.低值易耗品的摊销方法有(　　)、(　　)和(　　)。

10.为了正确计算辅助生产产品和劳务的成本,并将辅助生产费用合理地计入产品成本,在分配辅助生产费用时,还应在各辅助生产车间之间进行(　　)。这就是辅助生产费用分配的特点。

二、判断题

1.购入材料的材料成本节约差异登记在“材料成本差异”账户的借方。(　　)

2.材料成本差异是指材料实际买价与计划价格的差异。(　　)

3.生产车间领用用于包装产品作为产品组成部分的包装物,其价值应计入生产产品的制造成本;销售部门领用的随同产品销售的包装物应计入“营业费用”账户。(　　)

4.采用一次摊销法摊销低值易耗品,其价值在领用时一次摊销。(　　)

5.材料领退的凭证主要有领料单、限额领料单和退料单等。(　　)

6.无论是计时工资形式还是计件工资形式,人工费用的分配相同。(　　)

7.生产工人的工资都是直接计入费用。(　　)

8.提取职工福利费要按照工资总额的12%进行。(　　)

9.人工费用指各单位在一定时期内直接支付给本单位全部员工的全部劳动报酬。(　　)

10.考勤记录能为企业计算计时工资、加班加点工资、中夜班津贴提供依据。(　　)

11.设备修理费是产品成本的一部分。(　　)

12.提前报废的固定资产不补提折旧。(　　)

13.当折旧费用在产品成本中占有较大的比重,且在专为特定产品生产使用的专用设备多的情况下,也可以单独设置成本项目。(　　)

14.提供多种劳务的辅助生产车间发生的直接费用,应先在“制造费用——辅助生产车间”明细账户内归集。(　　)

15.计划成本分配法将辅助生产车间的产品或劳务的实际成本与计划成本之间的差异全部列入“管理费用”账户。(　　)

三、单项选择题

1.不得计入基本生产成本的费用是（　　）。

A.车间厂房折旧费　　B.车间机物料消耗

C.营业税金及附加　　D.有助于产品形成的辅助材料

2.“材料采购”科目的月末（　　）。

A.没有余额或有借方余额　　B.没有余额

C.有借方余额　　D.有贷方余额

3.直接用于产品生产，并构成该产品实体的原材料费用应记入的会计科目是（　　）。

A.营业费用　　B.制造费用

C.管理费用　　D.基本生产成本

4.企业行政管理人员工资应记入的费用成本科目是（　　）。

A.应付职工薪酬　　B.制造费用

C.其他业务支出　　D.管理费用

5.按产品材料定额成本比例分配法分配材料费用时，其适用的条件是（　　）。

A.产品的产量与所耗用的材料有密切的联系

B.产品的重量与所耗用的材料有密切的联系

C.几种产品共同耗用几种材料

D.各项材料消耗定额比较准确稳定

6.不能继续使用需要报废的出借包装物的残料，应（　　）。

A.增减营业费用　　B.计入其他业务收入

C.计入营业外收入　　D.计入产品销售收入

7.企业发出随同产品出售并单独计价的包装物时，应借记（　　）科目。

A.营业费用　　B.其他业务支出

C.基本生产成本　　D.期间费用

8.外购动力费用一般可根据各车间、各部门的（　　）直接进行归集和分配。

A.实际耗用量和实际单价　　B.实际耗用量和计划单价

C.计划耗用量和计划单价　　D.计划耗用量和实际单价

9.材料按计划成本计价时，期末应将发出材料的计划成本（　　）。

A.加材料成本节约差异　　B.减材料成本节约差异

C.调整为实际成本　　D.按计划成本计价

10.企业本期发生,但应由本期和以后各期产品成本或经营管理费用共同负担的费用是指(　　)。

A.营业费用　　B.待摊费用

C.预提费用　　D.管理费用

11.预先分期计入各期成本或费用,但在以后才实际支付的费用是指(　　)。

A.营业费用　　B.待摊费用

C.预提费用　　D.管理费用

12.专设销售机构人员的工资费用在会计核算中计入(　　)。

A.生产成本　　B.制造费用

C.管理费用　　D.营业费用

13.按福利人员的工资总额提取的福利费应借记(　　)科目。

A.营业费用　　B.管理费用

C.应付职工薪酬　　D.营业外支出

14.企业行政管理部门耗用的辅助生产车间提供的动力费,应借记(　　)科目。

A.生产成本　　B.辅助生产成本

C.管理费用　　D.制造费用

15."应付职工薪酬"科目月末借方余额表示(　　)。

A.应付工资数额大于实际支付工资数额

B.应付工资数额小于实际支付工资数额

C.企业拖欠人工

D.记错账,因为该科目不会有借方余额

16.企业计算的固定资产折旧额只是一个估计数,因为计算公式中,(　　)是估计的。

A.固定资产原值　　B.固定资产净值

C.固定资产使用年限　　D.固定资产的性能

17.下列方法中(　　)适用于辅助生产车间之间相互提供劳务较多,而提供数量却不平衡的企业。

A.顺序分配法　　B.交互分配法

C.计划成本分配法　　D.代数分配法

18.计算辅助生产车间的产品或劳务的单位成本最为准确的方法

是（　　）。

A.顺序分配法　　B.交互分配法

C.计划成本分配法　　D.代数分配法

19.下列方法中适用于各种产品机械化程度相近的车间或部门的制造费用的分配是（　　）。

A.生产工人工时比例分配法　　B.生产工人工资比例分配法

C.机器工时比例分配法　　D.预算分配法

20.企业分配工资费用时，基本生产车间管理人员的工资应借记（　　）科目。

A.基本生产成本　　B.制造费用

C.辅助生产成本　　D.管理费用

四、多项选择题

1.材料费用的分配方法主要包括（　　）。

A.重量比例分配法　　B.定额工时比例法

C.标准产品系数法　　D.定额消耗量比例

E.实际工时比例法

2.应付工资主要包括（　　）。

A.计时工资　　B.计件工资

C.各种奖金　　D.各种津贴和补贴

E.加班加点工资

3.制造费用的分配方法有（　　）。

A.生产工人工时比例分配法　　B.生产工人工资比例分配法

C.机器工时比例分配法　　D.预算分配法

E.定额比例分配法

4.低值易耗品的摊销方法有（　　）。

A.一次摊销法　　B.分期摊销法

C.使用年限法　　D.备抵法

E.五五摊销法

5.在按实际成本进行材料日常核算的情况下，发出材料的计价方法主要有（　　）。

A.先进先出法　　B.后进先出法

C.个别计价法　　D.全月一次加权平均法

E.移动加权平均法

6.计提的应付福利费主要用于（　　）。

A.医药卫生费　　B.职工生活困难补助

C.医务经费　　D.生活福利部门职工的工资

E.发放奖金

7.应计提折旧的固定资产包括（　　）。

A.房屋建筑物　　B.在用的机械设备

C.季节性停用的设备　　D.融资租赁方式租入的固定资产

E.土地

8.不应计提折旧的固定资产包括（　　）。

A.未使用和不需用的固定资产　　B.大修理停用的设备

C.提前报废的固定资产　　D.以经营租赁方式出租的固定资产

E.以经营租赁方式租入的固定资产

9.下列项目中属于管理费用的是（　　）。

A.业务招待费　　B.差旅费

C.技术转让费　　D.会议费

E.利息费

10.下列项目中属于制造费用的是（　　）。

A.业务招待费　　B.设备维修费

C.技术转让费　　D.行政管理人员工资

E.车间管理人员工资

五、问答题

1.如何分配间接消耗的材料费用？

2.工资有哪几种形式？如何计算？

3.职工福利费如何核算？

4.低值易耗品如何核算？

5.企业为何要设置“待摊费用”和“预提费用”账户？

6.辅助生产费用的分配方法有哪些？简述其基本原理。

六、计算题

1.宏达企业生产甲、乙两种产品，基本生产车间甲产品直接耗用A材料62 710元，乙产品直接耗用A材料47 840元，甲、乙两种产品还共同耗用C

材料 105 600 元。甲产品定额消耗量为 18 000 千克，乙产品定额消耗量为 12 000千克；生产出甲产品 15 000 千克，乙产品 10 000 千克；辅助生产车间中，供电车间耗用 B 材料 7 220 元，供气车间耗用材料 5 640 元，基本生产车间耗用 A 材料 6 280 元，销售部门耗用 A 材料 2 050 元，行政管理部门耗用 A 材料 2 460 元。

要求：

(1)分别采用原材料定额消耗量比例分配法、材料重量比例分配法，计算甲、乙两种产品各应负担的原材料费用。

(2)归集和分配材料费用，并编制相应的会计分录。

2.某企业月份耗电 42 000 度，每度电的单价 0.60 元，共计动力费 25 200 元，电费未付。据电表记录，该企业基本生产车间耗电 30 000 度，其中车间照明用电 5 000 度，企业行政管理部门耗电 7 000 度。企业基本生产车间生产甲和乙两种产品，甲产品生产工时为 36 000 小时，乙产品生产工时为 24 000 小时。

要求：

(1)采用适当的方法分配外购动力费用，并编制外购动力费用分配表；

(2)编制有关的会计分录。

3.某企业拥有维修、供电两个辅助生产车间，本月维修车间发生的费用是 100 800 元，供电车间发生的费用是 60 000 元；维修车间的计划单位成本为 11 元/工时，供电车间的计划单位成本为 0.8 元/度。本月维修、供电车间提供的劳务如表 2-1 所示。

表 2-1

受益部门		维修工时	供电度数
基本生产车间		7 000	55 000
辅助生产车间	维修车间		30 000
	供电车间	2 500	
行政管理部门		1 000	8 000
销售部门		1 500	7 000
合　计		12 000	100 000

要求：根据资料分别采用交互分配法、直接分配法、计划成本法及代数分配法分配辅助生产车间费用。

第3章 成本费用的归集与分配(下)

本章要点

制造费用是企业内部各生产单位(分厂、车间)为组织和管理生产所发生的费用。制造费用是产品成本的重要组成部分,企业计入产品成本的费用中,除了直接材料和直接工资之外,其余的费用一般都包括在制造费用之中。制造费用的组成内容较多,为了简化核算程序,可作适当合并。合并后的制造费用在明细账上,一般包括工资、职工福利费、折旧费、修理费、低值易耗品摊销、保险费、租金等待摊费用、长期待摊费用和预提费用、机物料消耗、水电费、其他制造费用等费用项目。

制造费用的分配就是于月末将本期实际发生的制造费用归集汇总之后,分配到各承担对象。制造费用的承担对象主要是生产的产品。分配制造费用的方法通常有生产工人工时比例法、生产工人工资比例法、机器工时比例法、按照耗用原材料的数量或成本分配法、按直接成本比例分配法、联合分配法和按年度计划分配率分配法等。

企业发生的各种损失按其是否计入产品制造成本,可分为生产损失与非生产损失两大类。生产损失是指企业在产品生产过程中或由于生产原因而发生的各种损失,由产品制造成本承担,构成产品制造成本的组成部分。

生产过程中的废品,是指不符合规定的技术标准,不能按照原定用途使用,或者需要加工修理才能使用的在产品、半成品或产成品。废品分为可修复废品和不可修复废品两种。可修复废品是指经过修理可以使用,而且所花费的修复费用在经济上合算的废品(必须具备两个条件);不可修复的废品,则是指不能修复,或者所花费的修复费用在经济上不合算的废品(只须具备一个条件)。可修复废品和不可修复的废品在会计核算上有所区别。可修复废品返修以前发生的生产费用,不是废品损失,不必计算其生产成本,而应留在"基本

生产”账户及其所属有关产品成本明细账中，不必转出。返修发生的各种费用，应根据前述各种费用分配表，记入“废品损失”账户的借方。不可修复废品损失的核算，先应计算截至报废时已经发生的废品生产成本，然后扣除残值和应收赔款，算出废品损失。不可修复废品的生产成本，可按废品所耗实际费用计算，也可按废品所耗定额费用计算。

停工损失是指企业生产车间由于计划减产或因停电、待料、机器设备故障而停工期间所发生的一切费用。停工损失主要包括停工期间须支付的生产工人工资和计提的职工福利费以及应负担的制造费用。因季节性生产或固定资产大修理停工而发生的停工期内的一切费用，列入制造费用，可采用预提、待摊的方法计入开工期内生产成本，不列为停工损失。企业可以设置“停工损失”总分类账户来核算停工损失。该账户借方归集本月发生的停工损失，贷方分配结转停工损失，月末一般没有余额。

通过要素费用和综合费用的归集、分配，应计入本月各种产品的费用都已记入“基本生产”账户有关成本对象明细账的借方，并已在各种产品之间划分清楚。当期末既有完工产品又有在产品时，产品成本明细账所归集的生产费用之和，还应采用适当的分配方法在完工产品与月末在产品之间进行分配，以计算完工产品和月末在产品的成本。

企业应该根据在产品数量的多少、各月在产品数量变化的大小、各项费用比重的大小，以及定额管理基础的好坏等具体条件，采用合理又简便的分配方法。常用的方法包括：在产品不计算成本法、在产品按固定成本计价法、在产品按所耗原材料费用计价法、约当产量法、在产品按完工产品计算法、在产品按定额成本计价法和定额比例法。

在产品不计算成本法，是指将本月发生的费用全部计入完工产品成本中，在产品不负担成本。这种方法适合在月末在产品数量很少，占用的费用金额不大的情况下采用。

在产品按固定成本计价法，是指将年内各月末在产品成本均按年初在产品成本计算，固定不变。各月发生的生产费用即为该月完工产品成本。这种方法适用于各月末在产品数量较小，或者在产品数量虽大，但各月之间变化不大的产品。

在产品按所耗原材料费用计价法，是指月末在产品只计算其所耗用的原材料费用，不计算工资及福利费等加工费用。这种方法适用于各月在产品数量较大或各月在产品数量不稳定，直接材料费用占成本比重较大的情况。

约当产量法，是指将月末在产品数量按照其完工程度折算为相当于完工产品的产量，即约当产量，然后，按照完工产品产量（也是完工程度为100%的约当产量）与月末在产品约当产量的比例分配计算完工产品费用与月末在产品费用。当月末在产品数量较大，而且各月末在产品数量变化也较大时，或者在产品成本的原材料比重与工资及福利费等各项加工费用比重相差不多，因而月末在产品不能只计其原材料费用，而必须全面地计算各项费用的情况下，应当采用约当产量法。

在产品按定额成本计价法，是指根据月末在产品数量与单位材料消耗定额、工时定额和单位工时的工资定额计算出月末在产品成本。采用这种方法要求各项定额要合理，而且各月在产品数量变动不大，否则，分配结果就不合理。

定额比例分配法，是指按照完工产品与月末在产品的定额消耗量或定额费用的比例分配生产费用。

习　题

一、填空题

1.制造费用一般是间接计入费用，因而不能或不便于按照（　　），而只能按照（　　）、（　　）和（　　）按（　　）、（　　）、（　　）编制制造费用计划加以控制。

2.生产车间发生的生产费用，有的应借记（　　）或（　　）科目，有的则应借记（　　）科目。

3.“制造费用”成本项目属于（　　）性费用项目。

4.制造费用按定额公司比例分配方法，主要适用于有准确（　　）的企业。

5.（　　）比例法能将劳动生产率的高低与产品负担费用的多少联系起来，分配结果比较合理。

6.对于季节性停工损失企业在停工期间所发生的费用，应该记入（　　）。

7.如果辅助生产的制造费用是通过“制造费用”科目核算的，应比照（　　）核算。

8.约当产量是指将月末在产品的结存数量，按其（　　）折算为相当于（　　）的数。

9.直接材料成本计价法适用于各月月末在产品数量（　　），变化也

（　　），而且（　　）成本在产品成本中所占比重相当大的产品。

10.采用固定在产品成本法，1—11 月各月完工产品成本等于（　　）。

二、判断题

1.制造费用是各生产单位发生的间接费用。（　　）

2.采用计划费用分配率，“制造费用”明细账户应留有年末余额。（　　）

3.机械化程度较高的车间只能采用机器工时比例分配法。（　　）

4.降价出售的不合格品的成本与由于保管不善而损坏变质的损失，也应作为废品损失处理。（　　）

5.不可修复废品的生产成本和可修复废品的修复费用均应在“废品损失”账户的借方归集核算。（　　）

6.由于自然灾害等引起的非正常停工损失，应计入“停工损失”账户。（　　）

7.在产品成本按年初数固定计算，意味着企业本年度每个月末在产品成本都是相等的。（　　）

8.如果月末在产品数量较多而且各月之间变化较大，成本中材料费用比重与其他加工费用比重相差不多，则本月完工产品与月末在产品之间可采用约当产量法分配费用。（　　）

9.对于各项消耗定额或费用定额较为准确、稳定，各月末在产品数量变动较大的产品，其月末在产品可按定额成本计算。（　　）

10.约当产量法适用于月末在产品数量大，各月末在产品数量变化也较大，且原材料费用在成本中所占比重较大的产品。（　　）

11.月末在产品定额成本等于各项定额费用之和，某项定额费用等于各工序定额工时的合计数乘以该项费用的每小时定额。（　　）

12.在产品按所耗原材料费用计价法适用于各月末在产品数量较大，各月末在产品数量变化也较大，但产品成本中原材料费用和工资及福利费等加工费用的比重相差不大的产品。（　　）

13.企业采用定额比例法和定额成本法计算在产品成本时，其完工产品成本应该是相同的。（　　）

14.在产品约当产量是指期末在产品按其完工程度折合为完工产品数量。（　　）

15.在产品成本计算的“只计算材料成本法”只适用于材料费用占产品成本比重较大的产品。（　　）

三、单项选择题

1.基本生产车间应付的管理人员工资，记入下列哪个科目的借方？(　　)

A.基本生产成本　　B.应付职工薪酬

C.辅助生产成本　　D.制造费用

2.适合于季节性生产的企业分配制造费用的方法是(　　)。

A.机器工时比例法　　B.生产工人工资比例法

C.生产工人工时比例法　　D.年度计划分配率法

3.分配制造费用的方法中，一般会使“制造费用”账户月末有余额的方法是(　　)。

A.生产工人工时比例法　　B.机器工时比例法

C.年度计划分配率法　　D.生产工人工资比例法

4.如果原材料随加工进度陆续投入，这种投料方式下的原材料费用在完工产品和月末在产品之间按下列哪种方法分配？(　　)

A.约当产量比例法　　B.定额成本计价法

C.在产品按所耗原材料费用计价法　　D.固定成本计价法

5.生产领用一般性的工具、用具，记入哪个账户的借方？(　　)

A.管理费用　　B.预提费用

C.制造费用　　D.基本生产成本

6.按完工产品和月末在产品数量比例，分配计算完工产品与月末在产品的原材料费用，必须具备下列哪个条件？(　　)

A.产品成本中原材料费用比重较大　　B.原材料分工序投入

C.原材料在生产开始时一次投入　　D.原材料技生产进度陆续投入

7.计算出来的废品损失应(　　)。

A.分配记入当月同种合格品的成本中

B.分配记入当月各种合格品的成本中

C.直接记入当月的“制造费用”科目中

D.直接记入当月的“管理费用”科目中

8.企业在核算废品损失时，一般是指(　　)。

A.辅助生产车间的废品损失

B.基本生产车间的废品损失

C.基本生产车间和辅助生产车间的废品损失

D.产品销售后发生的废品损失

9.废品净损失分配转出时，应借记哪个科目？（　　）

A.“废品损失”　　B.“生产成本”

C.“管理费用”　　D.“制造费用”

10.对于季节性停工企业在停工期间所发生的费用，应记入（　　）。

A.停工损失　　B.管理费用

C.营业外支出　　D.制造费用

11.在下列各项目中，属于废品损失的项目有（　　）。

A.不可修复废品的生产成本　　B.可修复废品的生产成本

C.不合格品的降价损失　　D.自然灾害造成的产成品损失

12.按完工产品和月末在产品数量比例，分配计算完工产品和月末在产品成本，必须具备下列哪个条件？（　　）

A.各项消耗定额比较准确、稳定　　B.原材料随生产进度陆续投入

C.在产品已接近完工　　D.各月末在产品数量很多

13.在计算完工产品成本时，如果不计算在产品成本，必须具备下列哪个条件？（　　）

A.各月末在产品数量稳定　　B.各月末在产品数量很大

C.各月末在产品数量变化很大　　D.各月末在产品数量很小

14.某企业生产产品经过两道工序，各工序的工时定额分别为30小时和40小时，则第二道工序在产品的完工率约为（　　）。

A.68%　　B.69%　　C.70%　　D.71%

15.采用约当产量法计算在产品成本时，影响在产品成本准确性的关键因素是（　　）。

A.在产品的数量　　B.在产品的完工程度

C.完工产品的数量　　D.废品的数量

16.企业的在产品采用定额成本计价法计算时，其实际成本与定额成本之间的差异应该记入（　　）。

A.在产品成本　　B.完工产品成本

C.营业外支出　　D.期间费用

17.定额管理基础较好，各项耗费定额或费用定额比例准确、稳定，但各月末在产品数量变化较大的企业，在产品成本的计算通常采用（　　）。

A.定额成本法　　B.约当产量法

C.原材料费用法　　D.定额比例法

18.通过在产品成本的计算,从而计算出完工产品的生产成本,然后将其转入下面哪个科目?(　　)

A.“库存商品”　　B.“原材料”

C.“生产成本”　　D.“主营业务成本”

19.在产品从上一道工序转入下一道工序时,前面各工序完工程度均按(　　)计算。

A.50%　　B.80%

C.100%　　D.100%+50%

20.在产品数量的日常核算,设置的账簿是指(　　)。

A.生产成本明细账　　B.半成品明细账

C.在产品明细账　　D.产成品明细账

四、多项选择题

1.分配制造费用的方法有(　　)。

A.生产工人工时比例法　　B.约当产量法

C.生产工人工资比例法　　D.机器工时比例法

E.年度计划分配率法

2.在辅助生产的制造费用通过“制造费用”科目核算的情况下,“制造费用”科目应按(　　)分设明细账。

A.基本生产　　B.车间

C.产品品种　　D.辅助生产

E.费用项目

3.废品损失包括的内容有(　　)。

A.不可修复废品的净损失　　B.销售退回废品的生产成本

C.废品的修复费用　　D.保管不善产生废品的损失

E.销售退回废品的净损失

4.废品损失明细账户借方对应的贷方科目主要有(　　)。

A.生产成本　　B.其他应收款

C.管理费用　　D.银行存款

E.原材料

5.停工损失包括的内容有(　　)。

A.季节性生产企业停工期内的费用

B.停工期内耗用的燃料和动力费

C.停工期内支付的生产工人工资

D.停工期内应负担的制造费用

E.停工期内的火灾损失

6.广义的在产品包括(　　)。

A.正在车间加工中的产品

B.正在返修的废料

B.已经完成一个或几个生产步骤,但还要继续加工的半成品

D.未验收入库的产品

E.等待返修的废品

7.完工产品与在产品之间费用分配方法的选用应考虑的条件是(　　)。

A.在产品数量的多少　　B.各月在产品数量变化的大小

C.各项费用比重的大小　　D.定额管理基础的好坏

E.产品生产的季节性

8.各工序完工程度的测试主要依据的因素有(　　)。

A.各工序定额工时　　B.材料消耗定额

C.产品定额总工时　　D.工资定额

E.机器工时

9.采用约当产量法计算在产品成本时,一般适用于下列(　　)的分配。

A.销售费用　　B.一次投入的原材料费用

C.管理费用　　D.工资等加工费用

E.随生产进度陆续投料的原材料费用

10."库存商品"科目的结构是(　　)。

A.借方登记入库产品的成本　　B.借方登记发出产品的成本

C.贷方登记收入商品的成本　　D.贷方登记发出商品的成本

E.期末余额为库存商品的成本

五、问答题

1.按计划年度分配率分配法分配制造费用,为什么特别适用于季节性生产企业?

2.什么是可修复废品?可修复废品损失包括哪些内容?应如何进行核算?

3.简述什么是广义在产品和狭义在产品。

4.什么是约当产量法?约当产量法计算在产品成本一般分为哪几个步骤?

5.采用在产品按定额成本计算的方法时,如何确定本月完工产品成本?

六、计算题

1.粤西工业企业8月份基本生产车间制造费用发生额为3 600元,该车间生产甲、乙两种产品,本月各产品实际生产工时分别为:甲产品12 000时,乙产品8 000时。要求采用工时比例法分配各成本计算对象应分配的制造费用并作相关的账务处理。

2.粤北工业企业1月份制造费用发生额为:基本生产车间5 000元,辅助生产车间2 400元。本月基本生产车间甲、乙产品实际产量为:甲产品200件,乙产品300件;各产品工时消耗定额为甲产品80小时,乙产品30小时。要求采用定额工时比例法分配制造费用并作相关的账务处理。

3.假设白云山公司生产的A产品生产过程中发现不可修复废品四件,按所耗定额费用计算废品的生产成本。其直接材料费用定额为50元,已完工的定额工时为100小时,每小时的费用定额为:直接工资1.2元,制造费用1.4元,回收残料15元。

要求:根据上述资料,编制不可修复废品报废损失计算表,如表3-1所示。

表3-1

项　目	直接材料	定额工时	直接工资	制造费用	合　计
单件、小时费用定额					
废品定额成本					
减:残值					
废品损失					

4.某种产品的工时定额为4小时,定额规定每小时制造费用为3元。某月月末在产品结存600件,完工程度为50%。月初在产品成本中制造费用3 000元,本月该产品应负担的制造费用为5 000元。

要求:采用在产品按定额成本计价法分配计算本月完工产品和月末在产品应负担的制造费用。

5.某A产品经三道工序制成,A产品工时消耗定额为20小时,其中:第一、二、三道工序工时消耗定额分别为8小时、6小时和6小时;A产品原材料定额成本为100元,经三道工序连续报料加工制成,其中:第一、二、三道工序原材料定额成本分别为60元、30元和10元;A产品本月完工700件,月末在

产品 300 件，其中：第一、二、三道工序分别为 150 件、100 件和 50 件；A 产品月初在产品成本为 25 000 元，其中：直接材料 8 000 元，直接人工 14 000 元，燃料及动力 1 000 元，制造费用 2 000 元；本月发生生产费用为 98 805 元，其中：直接材料 71 050 元，直接人工 12 550 元，燃料及动力 7 275 元，制造费用 7 930元。

要求：采用约当产量法计算完工产品成本和月末在产品成本。

6.珠江公司生产甲种产品，甲种产品的原材料在生产开始时一次投料：产品成本中的原材料费用所占比重很大，月末在产品按其所耗原材料费用计件。某月初在产品费用为 2 000 元，该月生产费用为：直接材料 12 000 元，直接人工 2 500 元，制造费用为 3 500 元。该月完工产品为 420 件，月末在产品为 280 件。

要求：计算该月甲种产品的完工产品成本及月末在产品成本，并作结转完工产品成本的会计分录。

第4章 产品成本计算方法概述

本章要点

通过要素费用和综合费用的归集、分配,凡是应计入本月各种产品的费用都已记入“基本生产”账户有关成本对象的明细账,并已在各种产品之间划分清楚。接下来的问题就是选择适当的产品成本计算方法。

企业生产经营过程的特点和管理要求不同,其产品成本核算的方法和步骤也会有所区别。因此,企业生产经营特点和管理要求会对产品成本计算方法产生影响。

企业生产可以按照不同标志进行分类。企业生产按生产过程的技术特点分类,可以分为简单生产和复杂生产。企业生产按生产组织特点分类,可以分为单件生产、成批生产和大量生产。

实际上,生产技术特点与生产组织特点是相联系的。在组织生产时,必须考虑生产技术特点,以便生产的组织形式符合生产过程的规律性。上述两种分类也是相联系的。它们的关系可用图 4-1 表示。

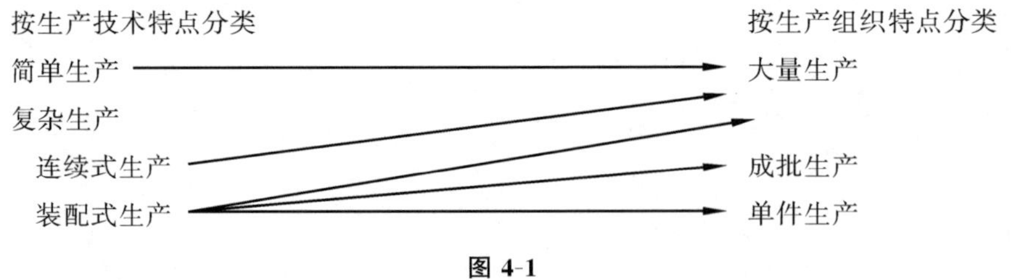

图 4-1

企业生产类型不同,其成本计算对象也不同。

企业生产按照生产组织特点可以分为单件生产、成批生产和大量生产三

种类型。其中，成批生产又可以分为大批生产和小批生产两种类型。大量生产（如化肥的生产）要求连续不断地重复生产一种或若干种产品，因而，管理上只要求，而且也只能够按照产品的品种计算成本；大批生产，由于产品批量大，通常在几个月内不断重复地生产一种或若干种产品，与大量生产一样，也只能按产品品种计算成本；小批生产（如服装的生产），其生产的产品批量小，同一批产品通常可以同时完工，因而，有可能按照产品的批别进行费用的归集，计算各批产品的成本。单件生产（如造船厂），也可以说是小批生产，因而，按件别计算成本，也就是按批别计算产品成本。可见，不同的生产组织特点，其成本计算对象也有所不同。

企业生产按生产过程的技术特点可以分为简单生产和复杂生产。简单生产如发电等，在生产技术上不可间断，生产工艺过程不可能也不必要划分为几个生产步骤，因而，一般也就不可能或不必要按照生产的步骤计算产品成本，只能按照产品的品种计算成本。复杂生产如机械制造和钢铁生产，在生产技术上可间断，其生产工艺过程由若干个可间断的、分散于不同地点进行的生产步骤所组成，为了加强各个生产步骤的生产管理，计算各个生产步骤的成本，往往不仅要求按照产品的品种或批别计算成本，而且还要求按照生产的有关步骤计算成本。当然，如果企业的生产规模比较小，管理上又不要求按生产步骤考核生产耗费、计算产品成本，也可以不按生产步骤计算成本，而可以按品种或批别计算成本。可见，企业生产技术特点也会影响成本计算对象。

产品成本计算是对有关费用数据进行处理的过程。它是以一定的成本核算对象为依据，归集与分配生产费用并计算其总成本和单位成本的过程。实际上，各种成本计算方法是依据成本核算对象命名的。

为了适应各种类型生产的特点和管理要求，产品成本计算存在三种不同的产品成本计算对象，以及以产品成本计算对象为标志的三种不同的产品成本计算方法。它们是：(1)以产品的品种为成本计算对象的品种法；(2)以产品的批别为成本计算对象的分批法；(3)以产品的生产步骤为成本计算对象的分步法。品种法、分批法和分步法是产品成本计算的基本方法，也是计算产品实际成本必不可少的方法。

企业成本计算的基本方法及其适用性归纳如表 4-1 和表 4-2 所示。

表 4-1　产品成本计算方法的确定

按组织特点分 按技术特点分		大量生产	成批生产		单件生产
			大批生产	小批生产	
简单生产		品种法	品种法	分批法	分批法
复杂生产	连续式	品种法 分步法(逐步结转)	品种法 分步法(逐步结转)	分批法	分批法
	装配式	品种法 分步法(平行结转)	品种法 分步法(平行结转)	分批法	分批法

表 4-2　各种产品成本计算方法的适用范围

产品成本计算的基本方法	适用范围		成本计算对象
	在企业生产组织方面	在企业生产工艺过程和管理要求方面	
品种法	大量大批生产	简单生产; 管理上不要求分步骤计算成本的多步骤生产	产品品种
分批法	小批单件生产	简单生产; 管理上不要求分步骤计算成本的多步骤生产	产品生产批别或定单
分步法	大量大批生产	管理上要求分步骤计算成本的多步骤生产	各产品的生产步骤

随着企业管理的现代化和成本计算方法的发展,产品成本计算方法,又在上述三种基本方法的基础上,衍生了一些辅助的方法:(1)分类法;(2)定额法;(3)标准成本法;(4)作业成本法。

值得指出的是:企业往往同时运用或结合运用几种成本计算方法,而不是单纯运用一种方法。

习　题

一、填空题

1.企业应当根据(　　)和(　　),确定合适的成本核算对象、成本项目和成本计算方法。

2.工业企业根据生产过程的技术特点,可以分为(　　)和(　　)两种类型。

3.工业企业根据生产组织特点可以分为(　　)、(　　)和(　　)三种类型。

4.企业多步骤生产又可以分为(　　)和(　　)。

5.成本计算方法是根据(　　)命名的。

6.成本计算的基本方法包括(　　)、(　　)和(　　)。

7.成本计算的辅助方法主要包括(　　)、(　　)、(　　)和(　　)。

二、判断题

1.企业的生产经营特点和管理要求会对产品成本计算方法产生影响。(　　)

2.简单生产也称为单步骤生产。(　　)

3.按照生产组织特点,工业企业的生产可以分为大批生产和小批生产两种类型。(　　)

4.成本计算方法以成本核算对象命名。(　　)

5.品种法和分步法的成本计算期与生产周期不一致。(　　)

6.分步法的成本计算对象是产品生产批别或定单。(　　)

7.分批法适用于管理上不要求分步骤计算成本的多步骤生产企业。(　　)

8.品种法适合于简单生产企业。(　　)

9.企业往往同时运用或结合运用几种成本计算方法。(　　)

三、选择题

1.企业应该根据(　　)确定合适的成本计算方法。

A.生产经营特点和管理要求　　B.生产车间的多少

C.生产规模　　D.生产的复杂程度

2.冶金、纺织、服装等企业的生产属于(　　)。

A.简单生产　　B.单步骤生产

C.连续式多步骤生产　　D.装配式多步骤生产

3.不断重复生产品种相同的产品属于(　　)。

A.大量生产　　B.复杂生产

C.成批生产　　D.单件生产

4.单件小批生产的成本计算周期通常与（　　）一致。

A.产品生产周期　　B.会计报告周期

C.日历年度　　D.生产费用发生期

5.成本计算的基本方法包括（　　）。

A.分批法、分步法和分类法　　B.品种法、分批法和分步法

C.品种法、分批法和分类法　　D.分批法、分步法和定额法

6.企业生产经营特点和管理要求对成本计算方法的影响，主要表现在对（　　）的影响。

A.成本核算对象

B.成本计算期

C.生产费用在完工产品与期末在产品之间的分配

D.生产费用在成本核算对象之间的分配

7.（　　）等方法属于成本计算的辅助方法。

A.分步法　　B.标准成本法

C.定额法　　D.变动成本法

8.汽车制造、机器制造等生产属于（　　）。

A.单步骤生产　　B.装配式多步骤生产

C.大量生产　　D.连续式多步骤生产

9.企业确定的成本核算对象主要包括（　　）。

A.产品品种　　B.产品批别

C.产品品种及其生产步骤　　D.产品生产计划或订货单

10.华夏企业生产的 A 产品需要经过铸造、加工和装配三个车间的加工。A 产品可能采用（　　）等成本计算方法。

A.品种法　　B.分步法

C.约当产量法　　D.定额法

四、问答题

1.企业的生产如何根据生产技术特点分类？这种分类对成本计算对象有何影响？

2.企业的生产如何根据生产组织特点分类？这种分类对成本计算对象有何影响？

3.成本计算的基本方法包括哪些？其适用性如何？成本计算的其他方法还有哪些？

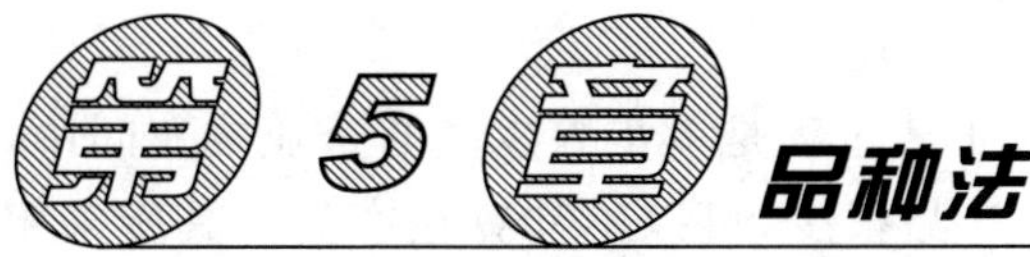

第5章 品种法

本章要点

产品成本计算的品种法，是按照产品品种作为成本计算对象，归集生产费用，计算各种产品成本的一种方法。这种成本计算方法，既不要求按照产品批别计算成本，也不要求按照产品生产步骤计算成本，是最基本的成本计算方法。

品种法的基本特点包括：以产品品种作为成本计算对象，按月定期计算产品成本，区别不同的情况计算或不计算在产品成本。

成本计算程序是指对产品生产过程中所发生的各项费用，按照财务会计制度的规定，进行审核、归集和分配，计算完工产品成本和月末在产品成本的过程。根据品种法的基本原理，其成本计算程序包括：按产品品种设置"基本生产"明细账或成本计算单，并分别按成本项目设置专栏；编制各种费用分配明细表；月末，如果企业不需要计算在产品成本，各个"基本生产"明细账汇集的生产费用，便是各种完工产品的实际总成本，再除以产量求得单位产品成本；如果企业需要计算在产品成本，应将"基本生产"明细账汇集的生产费用，在完工产品与月末在产品之间进行分配，以便计算完工产品总成本和单位产品成本。

习 题

一、填空题

1.不论什么工业企业，不论什么生产类型的产品，也不论管理要求如何，最终都必须按照(　　)计算出产品成本。

2.如果某企业只生产一种产品,该产品所发生的生产费用全部都是(　　),可直接记入该种产品成本(　　)。

3.在生产组织是大量大批生产、工艺过程是单步骤生产的企业或车间中,如果产品单一、没有在产品,或者在产品很少,可以不计算在产品。其所采用的品种法也称(　　)、(　　)或(　　)。

4.品种法的成本计算对象是(　　)。

5.品种法一般适用于(　　)。

二、判断题

1.辅助生产车间如供水、供电车间,通常采用分批法计算成本。(　　)

2.典型品种法一般不需要将生产费用在完工产品和在产品之间进行分配。(　　)

3.品种法是按月定期计算产品成本的。(　　)

4.不论什么组织方式的制造企业,不论什么生产类型的产品,也不论成本管理要求如何,最终都必须按照产品品种计算出产品成本。(　　)

三、单项选择题

1.下列企业中,最常采用品种法计算产品成本的是(　　)。

A.纺织厂　　B.发电厂　　C.制衣厂　　D.钢铁厂

2.若企业只生产一种产品,则可发生的费用(　　)。

A.全部是直接计入费用　　B.全部是间接计入费用

C.部分是直接费用、部分是间接费用　　D.需要将生产费用进行分配

3.若企业只生产一种产品,则发生的费用(　　)。

A.全部是直接计入费用　　B.全部是计入间接费用

C.部分是直接费用,部分是间接费用　　D.需要将生产费用进行分配

四、多项选择题

1.品种法的特点是(　　)。

A.要求按产品的品种计算成本　　B.按月定期计算产品成本

C.简单品种法一般要计算在产品成本　　D.一般适用于大量大批生产

E.成本计算期与生产周期一致

2.下面对品种法的正确表述有(　　)。

A.以产品的品种作为成本计算对象

B.成本计算程序较为复杂

C.是大量大批多步骤生产企业必须采用的成本计算方法

D.简单品种法一般不需要将生产费用在完工产品和在产品之间进行分配

E.分类法是品种法的变通运用

3.常见的品种法有(　　)。

A.简单品种法　　B.复杂品种法

C.分类法　　D.典型品种法

E.系数法

4.下面对品种法的正确表述有(　　)。

A.以产品的品种作为成本计算对象

B.是大量大批多步骤生产企业必须采用的成本计算方法

C.简单品种法一般不需要将生产费用在完工产品和在产品之间进行分配

D.成本计算程序较为复杂

E.分类法是品种法的变通运用

五、问答题

1.简述品种法的特点和适用范围。

2.简述品种法的成本计算过程。

六、计算题

1.某企业本月共生产完工产品甲产品 100 件,根据甲产品成本计算单汇总的该种完工产品本月生产费用总额为 21 200 元,其中:原材料 15 000 元,燃料及动力 1 000 元,工资及提取的福利费 3 500 元,制造费用 1 700 元。要求计算该月份完工产品的总成本和单位成本。

2.某工业企业,设有一个基本生产车间和供电、锅炉两个辅助生产车间,基本生产车间大量大批生产甲、乙两种产品,辅助生产车间提供电力、蒸汽服务。根据生产特点和管理要求,该企业采用品种法计算产品成本。

该企业 2018 年 7 月份各种产品实际产量及定额工时资料,如表 5-1 所示。

表 5-1

产品名称	月初在产品(件)	本月投产(件)	本月完工产品(件)	月末在产品(件)	完工程度	生产工时(小时)
甲产品	400	1 500	1 600	300	80%	40 500
乙产品		1 000	1 000			27 000

供电车间本月供电 64 000 度,其中锅炉车间用电 4 000 度,产品生产用电 40 000 度(甲产品用电 24 000 度、乙产品用电 16 000 度),基本生产车间一般用电 8 000 度,厂部管理部门用电 12 000 度。锅炉车间本月供气 12 000 立方米,其中供电车间用 2 000 立方米,基本生产车间用 9 000 立方米,厂部管理部门用 1 000 立方米。

该企业生产两种产品所需原材料均于生产开始时一次投入,7 月份甲产品月初在产品成本为 87 000 元,其中直接材料 59 000 元,直接人工 21 500 元,制造费用 6 500 元;乙产品月初无在产品。

该企业工资费用、制造费用按甲、乙两种产品耗用的生产工时比例分配,辅助生产费用采用直接分配法分配。

本月有关生产费用的部分经济业务和有关成本计算资料如下:

(1)本月发出材料汇总表如表 5-2 所示:

表 5-2 发出材料汇总表

材料类别:原材料　　　　2018 年 7 月　　　　单位:元

领料用途	直接领用	共同耗用	耗料合计
产品生产直接消耗	300 000	60 000	360 000
其中:甲产品	200 000		
乙产品	100 000		
基本生产车间一般消耗	4 000		4 000
供电车间消耗	12 000		12 000
锅炉车间消耗	5 000		5 000
厂部管理部消耗	6 000		6 000
合　计	327 000	60 000	387 000

(2)根据本月职工工资结算凭证,各车间、部门的工资及福利费汇总表如

表 5-3 所示：

表 5-3　工资及福利费汇总表

2018 年 7 月　　单位:元

人员类别	应付工资总额	计提福利费
产品生产工人	243 000	34 020
供电车间人员	6 000	840
锅炉车间人员	10 000	1 400
基本生产车间管理人员	8 000	1 120
厂部管理人	20 000	2 800
合　　计	287 000	40 180

(3)本月应提折旧费 43 000 元,其中基本生产车间 30 000 元,供电车间 3 000元,锅炉车间 2 000 元,厂部管理部门 8 000 元。

(4)本月应摊待摊费用(修理费)3 500 元,其中基本生产车间 2 000 元,供电车间 200 元,锅炉车间 300 元,厂部管理部门 1 000 元。

(5)本月以现金支付的费用为 4 850 元,其中基本生产车间办公费 1 090 元,供电车间办公费 560 元,锅炉车间办公费 200 元,厂部管理部门办公费 600 元、差旅费 2 400 元。

(6)本月以银行存款支付的费用为 14 000 元,其中,基本生产车间水费 500 元、办公费 1 000 元,供电车间外购电力和水费 5 000 元,锅炉车间水费 3 500元,厂部管理部门办公费 1 800 元、差旅费 2 000 元、招待费 200 元。

要求：

(1)根据上述资料开设辅助生产成本明细账和甲、乙产品生产成本明细账。

(2)根据上述资料,编制分配表,分配各项要素费用。

(3)根据上述资料,编制分配表,分配跨期费用、辅助生产费用和制造费用。

(4)将生产费用采用约当产量法在完工产品和月末在产品之间进行分配,结转完工产品成本。

(5)编制成本核算中的相关会计分录。

①根据甲、乙两种产品直接耗用原材料比例分配共同用材料费用,根据发材料汇总表和分配结果,编制会计分录并记入有关账户。

②根据甲、乙两种产品的实际生产工时分配产品生产工人工资和福利费，根据应付工资和福利费汇总表及分配结果，编制会计分录并记入有关账户。

③编制计提本月折旧的会计分录并记入有关账户。

④编制本月分摊待摊费用的会计分录并记入有关账户。

⑤编制本月以现金支付费用的会计分录并记入有关账户。

⑥编制本月以银行存款支付费用的会计分录并记入有关账户。

⑦编制辅助生产费用分配表分配辅助生产费用，编制会计分录并记入有关账户。

⑧编制基本生产车间制造费用分配表(生产工时分配法)分配制造费用，编制会计分录并记入有关账户。

⑨采用约当产量法计算月末在产品成本，编制结转甲、乙两种产品完工产品成本的会计分录。

第6章 分批法

本章要点

分批法是指按照产品批别作为成本核算对象，设置明细账，用以归集生产费用，计算产品成本的一种方法，亦称定单法。

分批法一般适用于小批生产和单件生产类型的企业，例如生产精密仪器、专用设备、重型机械和船舶的企业，及从事某些特殊或精密铸件熔铸的企业。新产品的试制和机器设备的修理，以及辅助生产的工具模具制造等也可以采用分批法计算成本。

分批法的成本计算对象是产品的批别(或定单)，成本计算周期是生产周期，月末在产品成本的计算通常不需要在完工产品与在产品之间分配生产费用，但特殊情况例外。

分批法的计算程序可以分为如下六个步骤：(1)按产品批别设置生产成本明细账(产品成本计算单)；(2)按产品批别归结和分配本月发生的各种费用；(3)分配辅助生产费用；(4)分配基本生产单位制造费用；(5)计算完工产品成本；(6)结转完工产品成本。

习　题

一、填空题

1.简化的分批法意味着不分批计算(　　)，它适用于(　　)的企业。

2.分批法的成本核算对象是(　　)。

3.在各批产品成本明细账中，属于在产品的各个月份的(　　)，应该等于基本生产成本二级账所记在产品的直接材料费用或生产工时。

4.累计分配法分配间接费用是一种简化的分批法,月末(　　)产品的间接费用全部保留。

5.采用简化分批法,必须按生产单位设置(　　)账。

二、判断题

1.采用分批法计算成本比采用品种法计算成本程序简单。(　　)

2.分批法的成本计算应定期进行,成本计算期与某批次或定单产品的生产周期也应保持一致。(　　)

3.采用“当月分配法”,各月份月末间接费用明细账一般留有余额。(　　)

4.分批零件法由于划小了成本核算单位,减少了批内陆续完工的现象。(　　)

5.简化的分批法,也称为“累计间接计入费用分配法”。(　　)

三、单项选择题

1.分批法成本计算程序与(　　)一致。

A.品种法　　B.分步法　　C.分类法　　D.定额法

2.分批法适用于(　　)的企业。

A.大量大批生产　　B.单件小批生产

C.单步骤生产　　D.大量生产

3.分批零件法的成本计算顺序是(　　)。

A.同时计算产品成本、部件成本、产成品成本

B.从计算零件成本开始,依次计算部件成本、产成品成本

C.从计算产成品成本开始,依次计算部件成本、零件成本

D.从计算部件成本开始,依次计算零件成本、产成品成本

4.采用分批法计算产品成本时,若是单件生产,月末计算产品成本时(　　)。

A.需要将生产费用在完工产品和在产品之间进行分配

B.不需要将生产费用在完工产品和在产品之间进行分配

C.区别不同情况确定是否分配生产费用

D.应采用同小批生产一样的核算方法

5.分批零件法适用的企业是(　　)。

A.零部件种类较少的装配式成批生产

B.零部件种类较少的连续式成批生产

C.零部件种类较多的装配式成批生产

D.零部件种类较多的连续式成批生产

6.采用分批法计算产品成本，若是小批生产，出现批内陆续完工的现象，并且批内完工数量较多时，完工产品和月末在产品成本的计算应采用(　　)。

A.计划成本　　B.定额成本法

C.按年初固定数计算　　D.约当产量法

7.累计分配法分配间接费用是一种简化的分批法，月末未完工产品的间接费用(　　)。

A.全部分配　　B.部分分配

C.全部保留　　D.部分保留

四、多项选择题

1.下列可采用分批法计算产品成本的有(　　)。

A.精密仪器　　B.专用设备

C.重型机械　　D.船舶制造

E.新产品试制

2.分批零件法的成本计算对象包括(　　)。

A.各批主要零件　　B.各批主要部件

C.各批主要产成品　　D.全部零件

E.全部部件

3.采用简化分批法时必须具备的条件(　　)。

A.各个月份间接计入费用的水平相差不多

B.各个月份间接计入费用的水平相差悬殊

C.月末未完工产品的批数比较多

D.月末未完工产品的批数比较少

E.产品生产的品种、规格比较繁杂

4.简化的分批法下，各项间接计入费用累计分配率是(　　)。

A.在各批完工产品之间分配各该费用的依据

B.在完工批别与月末在产品批别之间分配各该费用的依据

C.某批产品的完工产品与月末在产品之间分配各该费用的依据

D.生产费用横向分配各该费用的依据

E.生产费用纵向分配各该费用的依据

5.分批法适用于（　　）。

A.单件生产的企业　　B.新产品的试制

C.小批生产的企业　　D.辅助生产车间的工具制造

E.工业性修理作业

6.分批零件法的成本计算对象包括（　　）。

A.各批主要零件　　B.各批主要部件

C.各批主要产成品　　D.全部零件

E.全部部件

7.分批零件法与典型分批法虽然同属一种成本计算方法，但两者之间存在着许多不同之处，主要包括（　　）。

A.成本计算对象　　B.成本计算期

C.成本计算内容　　D.成本计算顺序

E.在产品的含义

五、问答题

1.什么是简化的分批法？简化的分批法与一般的分批法有什么不同之处？

2.简化的分批法设立基本生产二级账的作用有哪些？

3.简述简化的分批法下各批产品明细账的登记。

六、计算题

1.粤南公司根据客户的定单组织产品生产，采用分批法计算产品成本。有关资料如下：

(1)2018 年 8 月份产品生产情况如表 6-1 所示：

表 6-1　生产记录表

批号	产品名称	开工日期	投产批量(件)	本月完工数量(件)	在产品数量(件)	实用工时
801	甲	6 月 15 日	10	10		20 000
802	乙	7 月 8 日	17	12	5	30 000
803	丙	7 月 12 日	8	5	3	16 000
804	丁	8 月 25 日	20		20	10 000

(2)8 月初在产品成本如表 6-2 所示：

表 6-2 月初在产品成本表

单位:元

批号	产品名称	直接材料	直接人工	制造费用	合　计
801	甲	1 030 000	390 000	460 000	1 880 000
802	乙	450 000	140 000	168 000	758 000
803	丙	360 000	105 000	129 000	594 000

(3)8 月份发生的费用经汇总、整理如表 6-3 所示：

表 6-3 生产费用汇总表

单位:元

批号	直接材料	直接人工	制造费用	合　计
801	120 000			120 000
802	399 990			399 990
803	258 000			258 000
804	123 000			123 000
共同费用		380 000	304 000	684 000
合　计	900 990	380 000	304 000	1 584 990

其中,直接材料系根据领料单标明的产品批号汇总而来,直接人工和制造费用属各批产品共同发生的费用,对此按生产工时比例在各批产品之间分配。

(4)生产费用在完工产品与在产品之间费用的分配方法：

802 批号乙产品,本月末完工产品数量较大,完工产品和月末在产品成本的分配方法采用约当产量法。月末在产品的平均完工程度为 50%,原材料于生产中逐步投入,投料率为 80%。

803 批号丙产品,本月末完工产品数为 3 件,为了简化核算,完工产品按计划成本转出,其计划单位成本:直接材料 777 元,直接人工 122 925 元,制造费用 27 912 元,合计 127 837 元。

要求：

(1)编制“直接人工费用分配表”、“制造费用分配表”分配人工费用和制造费用,并编制会计分录；

(2)登记产品生产成本明细账；

(3)计算 802 批号在产品约当产量；

(4)设置产品成本计算单并计算完工产品的生产成本；

(5)编制完工产品入库的会计分录。

2.粤北机械厂属于单件、小批生产,产品批数多,生产周期长,月末经常有大量未完工的产品。为了简化核算工作,采用累计间接费用分配法计算完工产品成本。

(1)该厂 2018 年 9 月份的产品批号有:

811 批号:A 产品 5 件,8 月 1 日投产,本月 20 日完工。

812 批号:B 产品 10 件,8 月 5 日投产,本月 31 日完工。

901 批号:C 产品 7 件,9 月 10 日投产,本月尚未完工。

902 批号:D 产品 4 件,9 月 15 日投产,本月尚未完工。

903 批号:E 产品 5 件,9 月 20 日投产,本月尚未完工。

(2)各批产品的生产费用与工时如下:

811 号:8 月份:直接材料 15 600 元,工时 3 200 小时。

9 月份:直接材料 2 000 元,工时 2 000 小时。

812 号:8 月份:直接材料 12 300 元,工时 2 900 小时。

9 月份:直接材料 4 000 元,工时 3 000 小时。

901 号:9 月份:直接材料 18 500 元,工时 2 900 小时。

902 号:9 月份:直接材料 11 800 元,工时 2 300 小时。

903 号:9 月份:直接材料 9 800 元,工时 500 小时。

(3)该厂 8 月份汇总的直接人工费用 11 900 元,9 月份汇总的直接人工费用 51 900 元。

(4)该厂 8 月份汇总的制造费用 28 050 元,9 月份汇总的制造费用 50 950 元。

要求:

(1)设置“基本生产二级账”和各批别产品生产成本明细账,根据上列资料登记期初和本月费用;

(2)计算本月累计间接费用分配率,结转本月完工产品成本。

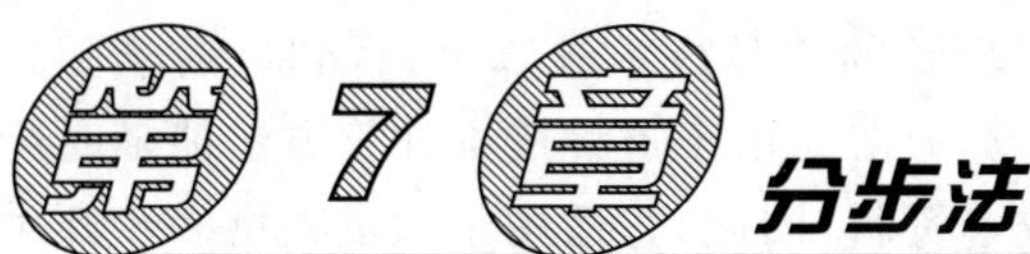

第7章 分步法

本章要点

分步法是指按各种产品的生产步骤归集和分配生产费用，计算产品成本的一种方法。采用这种方法时，应该以每一种产品的生产步骤作为成本计算对象，设置产品成本计算单，并借以归集和分配各项生产费用，按月计算产品成本。

分步法主要适用于大量大批多步骤生产，并且管理上要求分步骤核算产品成本的企业。这些企业主要包括：大量大批的多步骤连续式生产的企业，如纺织印染、冶金、化工等企业；大量大批的多步骤装配式生产的企业，如电冰箱、电视、收音机、音响、机械制造等企业。

与前述的品种法、分批法相比，分步法的主要特点表现在以下三个方面：(1)以各种产品及其生产步骤的半成品作为成本计算对象，设置产品成本计算单。(2)产品成本计算期与会计报告期一致，但是与产品生产周期不一致。(3)各月月末需要将产品成本计算单所归集的产品费用在各步骤的完工产品与月末在产品之间进行分配。

与品种法和分批法相比，采用分步法计算产品成本较为复杂一些。不同的分步法，产品成本计算的程序和方法也有较大的差异。采用分步法计算产品成本时，其一般计算程序是：(1)按各产品的生产步骤设置产品成本计算单，并在产品成本计算单内按成本项目设置专栏，用以归集各步骤发生的各项产品费用。(2)分成本项目将各生产步骤的生产费用(即产品费用)，分别归集在各步骤的产品成本计算单内。

按半成品成本是否需要从上步骤产品成本计算单结转到下一步骤产品成本计算单的半成品成本结转方式的不同，分步法可以分为逐步结转分步法和平行结转分步法。

逐步结转分步法(即顺序结转分步法,或计算半成品成本分步法)是指按产品加工步骤的顺序,逐步计算并结转半成品成本,前一步骤的半成品成本随着半成品实物的转移而结转到后一步骤的产品成本计算单,直到最后步骤累计计算出产成品成本的一种成本计算方法。由于这种成本计算方法能随时为企业提供各个生产步骤的半成品成本资料,因此,它适用于大量大批多步骤生产,并且管理上要求提供半成品成本资料的企业,尤其是各步骤所生产的半成品具有多种用途且可直接作为商品对外出售的企业,如纺织、钢铁、家用电器等企业。

平行结转分步法是指半成品成本不随半成品实物在各步骤之间的转移而结转,各步骤不计算半成品成本,不归集所耗用的前步骤半成品成本,只归集本步骤发生的其他各项费用,并于月末计算这些费用应计入产成品成本的份额,然后,在平行结转和汇总相同产品的各步骤份额的基础上,计算产成品成本的一种成本计算方法。采用平行结转分步法,自制半成品不在各加工步骤之间结转,而在月末将应由产成品负担的各步骤的费用平行地加以汇总,从而计算出当月产成品成本。这种成本计算方法适用于不需要提供各生产步骤的半成品成本的大量大批多步骤生产的企业,尤其是大量大批装配式多步骤生产的企业,如某些机械制造企业。在这些企业中,各生产步骤的半成品种类较多,但其用途主要是为下一生产步骤提供劳动对象,并且通常不能直接对外出售,因此,管理上通常不要求单独计算半成品成本。为了简化和加速产品成本计算工作,可以不计算各步骤所生产的半成品成本,不归集各步骤所耗前面各步骤的半成品成本,而只归集各步骤本身所耗费的其他产品费用,只在月末才计算这些费用应计入产成品成本的“份额”。

与平行结转分步法相比,逐步结转分步法具有三个特点:(1)各加工步骤完工转出的半成品成本,应该从各该步骤的产品成本计算单转出;(2)各加工步骤从仓库领用的或从上步骤直接转来的半成品的成本,构成该加工步骤的一项费用(即半成品费用),并记入各该加工步骤的产品成本计算单;(3)每月月末,各项产品费用(包括所耗上步骤的半成品费用)在各步骤产品成本计算单归集之后,应采用适当的分配方法将其在本步骤完工产品(即半成品或产成品)与月末加工中的在产品(即狭义的在产品)之间进行分配,从而计算出各加工步骤的完工产品(最后步骤的完工产品就是产成品)的成本。

按半成品实物是否需要经过仓库管理,可将半成品成本的结转程序分为半成品不入库管理和半成品需要入库管理两种情况。

在半成品不需要入库管理的情况下,产品成本计算程序(包括半成品成本

的结转程序)如图 7-1 所示(假设产品需要经过三个生产步骤完成)。

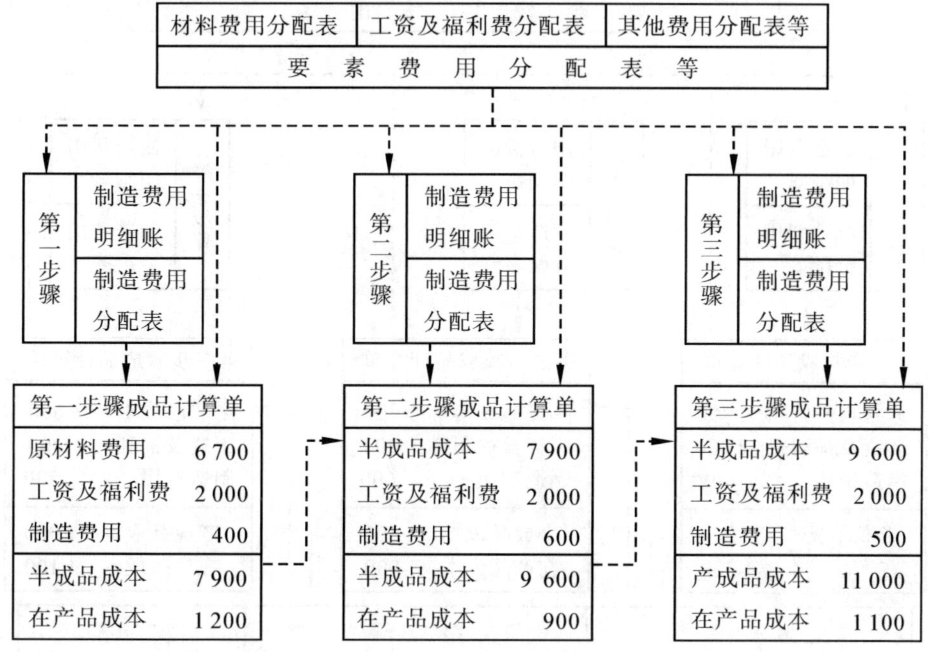

图 7-1

在半成品需要入库管理的情况下,产品成本计算程序(包括半成品成本的结转程序)如图 7-2 所示(假设产品需要经过三个生产步骤完成)。

按半成品成本在下一步骤产品成本计算单的反映形式,逐步结转分步法分为综合逐步结转分步法(简称综合结转)和分项逐步结转分步法(简称分项结转)。

综合结转是指将各步骤所耗用上一步骤的半成品成本,以总额的形式结转到各该步骤产品成本计算单的"自制半成品"成本项目。"自制半成品"成本项目综合了前步骤生产该半成品所消耗的各项产品费用。半成品成本的综合结转价格,既可以是半成品的实际成本,也可以是半成品的定额成本(或计划成本)。

综合结转方式,虽然核算简便,但是不能反映出产成品的原始成本结构,不便于分析产成品成本的升降原因。因此,最后生产步骤计算出本月完工产品(即产成品)成本之后,需要对产成品成本的"自制半成品"费用进行成本还原。成本还原是指将产成品所耗自制半成品的综合成本,逐步分解还原为以

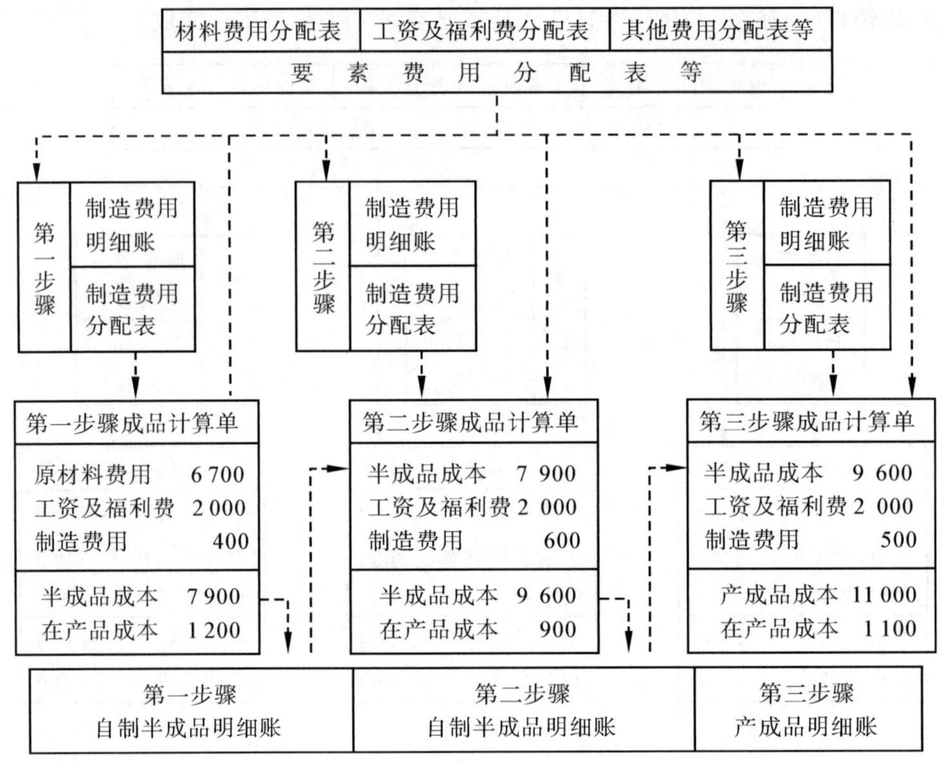

图 7-2

原始成本项目(即原材料、工资及福利费、制造费用等)反映的费用。

分项结转是指将各步骤所耗用的前一步骤的半成品成本,按成本项目分项从前一步骤产品成本计算单结转到该步骤产品成本计算单之中的一种半成品成本结转方法。采用分项结转方法,能够直接提供按原始成本项目反映的产成品成本资料,不需要进行成本还原。但是,结转半成品成本的工作要复杂一些。其半成品成本的结转价格,同样既可以是半成品的实际成本,也可以是半成品的定额成本(或计划成本)。

平行结转分步法的产品成本计算程序包括:(1)按各产品的生产步骤设置产品成本计算单,并据以归集各该步骤发生的除自制半成品成本以外的各项费用。也就是说,各产品成本计算单分成本项目归集各步骤所发生的原材料费用和各项加工费用,但不包括耗用上步骤的半成品成本。(2)月末,将各步骤的产品成本计算单归集的各项费用,在产成品(即最后步骤的完工产品)和该步骤的广义在产品之间进行分配,计算出各步骤费用中应计入产成品成本

的份额。各步骤的广义在产品包括：尚在该步骤加工的在产品（即狭义在产品）；该步骤已加工完毕，并已转入半成品库的半成品；从该步骤直接转入（或已从半成品库转入）其后各步骤进一步加工、尚未最后完成的在产品。（3）将各步骤应计入产成品成本的份额，按成本项目平行结转和汇总，从而计算出产成品的总成本和单位成本。平行结转分步法的成本计算程序可用图 7-3 表示。

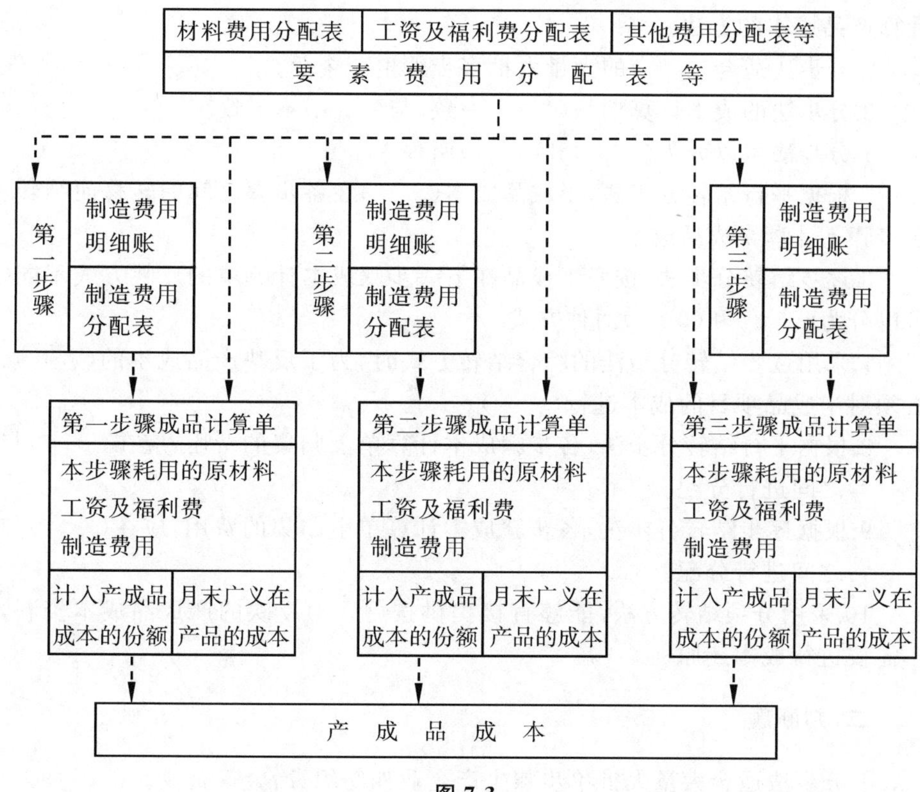

图 7-3

月末，各步骤应将其生产费用直接在产成品和该步骤广义在产品之间进行分配。因此，在月末各步骤应先分成本项目计算其单位完工产品（最后步骤为产成品，其前步骤为半成品）费用，然后，将这些单位完工产品费用分别乘以产成品所耗用的各该步骤半成品的数量，其乘积就是产成品应负担的各该步骤的成本。最后，将这些成本平行汇总，就是产成品的总成本。

习　题

一、填空题

1.分步法是以(　　)及其所经过的(　　)作为成本计算对象,归集费用、计算产品成本的方法。

2.分步法适合(　　)的大量大批多步骤生产企业。

3.分步法的成本计算期与(　　)一致,与(　　)不一致。

4.分步法可以分为(　　)和(　　)两种。

5.根据平行结转分步法,半成品成本(　　)在各步骤之间的转移而结转,各步骤不计算半成品成本。

6.逐步结转分步法,按照半成品在下一步骤成本计算单的反映方式不同,可以分为(　　)和(　　)两种方式。

7.采用逐步结转分步法的综合结转方式时,为了反映产品成本的(　　),必须对半成品项目的成本进行(　　)。

8.根据平行结转分步法,各步骤成本计算单上归集的费用,应在(　　)与(　　)之间进行分配。

9.根据逐步结转分步法,各步骤成本计算单上归集的费用,应在(　　)与(　　)之间进行分配。

10.采用分项结转方法,能够直接提供按(　　)反映的产成品成本资料,不需要进行成本还原。

二、判断题

1.分步法适合大量大批单步骤生产企业如纺织、冶金等企业。(　　)

2.分步法的成本计算期与生产周期不一致,但与会计报告期一致。(　　)

3.分步法的成本计算对象是产品品种及其所经过的生产步骤。(　　)

4.需要计算半成品成本是分步法与品种法、分批法的主要区别。(　　)

5.根据逐步结转分步法,各生产步骤半成品的结转与其实物的转移不一致。(　　)

6.逐步结转分步法采用分项结转方式时,为了反映产成品的原始构成,必

须进行成本还原。(　　)

7.成本还原是将各生产步骤停留在以后步骤的半成品成本还原为原来的成本。(　　)

8.根据逐步结转分步法,完工产品指最后步骤的产成品,在产品指广义在产品。(　　)

9.根据平行结转分步法,在产品是广义在产品。(　　)

10.逐步结转分步法适用于管理上不要求计算半成品成本的企业。(　　)

三、选择题

1.本产品实物转移,其成本也随之转移的成本计算方法是(　　)。

A.分批法　　B.逐步结转分步法

C.分步法　　D.平行结转分步法

2.不计算半成品成本的分步法是(　　)。

A.综合结转的分步法　　B.逐步结转分步法

C.分项结转的分步法　　D.平行结转分步法

3.分步法适合于(　　)。

A.大量大批单步骤生产

B.大量大批多步骤生产

C.单件小批多步骤生产

D.管理上要求分步骤计算成本的大量大批多步骤生产

4.需要进行成本还原的是(　　)。

A.综合结转　　B.分项结转

C.逐步结转　　D.平行结转

5.根据逐步结转分步法,各步骤在产品指(　　)。

A.广义在产品　　B.自制半成品

C.狭义在产品　　D.合格品

6.逐步结转分步法主要是用于(　　)。

A.自制半成品可以加工为多种产品的企业

B.自制半成品可以对外销售的企业

C.生产多种产品的企业

D.需要单独核算半成品的企业

7.半成品的结转可以采用(　　)方式。

A.综合结转　　　　B.分项结转
C.逐步结转　　　　D.平行结转

8.根据平行结转分步法，各生产步骤的期末在产品包括（　　）。
A.本步骤正在加工的自制半成品
B.上一个步骤正在加工的在制品
C.已经转入下一个步骤的自制半成品
D.已经转入下一个步骤的尚未最终完工的自制半成品

9.逐步结转分法的综合结转方式基本特征包括（　　）。
A.能够反映所消耗的上一个步骤半成品的成本水平
B.能够反映所消耗的上一个步骤半成品的成本构成
C.能够反映本步骤加工费用水平
D.需要进行成本还原

10.平行结转分步法的基本特征包括（　　）。
A.管理上要求分步归集费用，但不要求计算半成品成本
B.将各个步骤应该记入产品的份额平行汇总计算产成品的成本
C.不存在自制半成品对外销售，不需要考核半成品的成本
D.期末的在产品是广义的在产品

四、问答题

1.简述分步法的主要特点及其适用范围。

2.简述分步法的成本计算程序与种类。

3.简述逐步结转分步法的基本原理。

4.采用哪种逐步结转分步法需要进行成本还原？为什么？如何进行成本还原？

5.简述平行结转分步法的基本原理。

6.比较逐步结转分步法与平行结转分步法之异同。

五、计算题

1.暨光公司生产的 A 产品，需要经过第一、第二和第三个基本生产步骤（车间），第一生产步骤完工产品为甲半成品，完工之后全部转入第二生产步骤继续加工。第二生产步骤完工产品为乙半成品，完工之后全部转入第三生产步骤继续加工。第三生产步骤完工产品为 A 产品。生产 A 产品的原材料在第一生产步骤开始是一次投入，各个生产步骤的工资与费用的发生

比较均衡，月末在产品完工程度都是50%。2019年6月有关成本计算资料如下：

(1)生产数量如表7-1所示：

表7-1　生产数量资料

产品：A产品　　2019年6月　　单位：件

项　　目	第一生产步骤	第二生产步骤	第三生产步骤
月初在产品	50	100	200
本月投入或上一个生产步骤转入	550	500	500
本月完工转入下一个生产步骤	500	500	550
月末在产品	100	100	150

(2)生产费用资料如表7-2所示：

表7-2　生产费用资料

产品：A产品　　2019年6月　　单位：元

项　　目	第一生产步骤	第二生产步骤	第三生产步骤
月初在产品成本	36 250	130 000	400 000
其中：直接材料(半成品)	25 000	95 000	330 000
直接人工	6 250	20 000	40 000
制造费用	5 000	15 000	30 000
本月本生产步骤发生的生产费用	511 250	350 000	367 500
其中：直接材料	275 000		
直接人工	131 250	200 000	210 000
制造费用	105 000	150 000	157 500

要求：

(1)根据资料采用逐步结转分步法(综合结转)计算A产品及其半成品成本(月末在产品成本采用约当产量法计算)，编制结转完工产成品的会计分录，并登记下列产品生产成本明细账(表7-3至表7-5)。

(2)对第三个生产步骤所生产的A产品总成本中的自制半成品进行成本还原，并填入表7-6。

表 7-3　第一个生产步骤产品生产成本明细账

产品:甲半成品　　2019 年 6 月　　单位:元

项　　目	直接材料	直接人工	制造费用	合　　计
月初在产品成本				
本月本步骤发生费用				
生产费用合计				
本月完工产品数量				
月末在产品约当量				
约当产量合计				
完工产品单位成本				
完工产品总成本				
月末在产品成本				

表 7-4　第二个生产步骤产品生产成本明细账

产品:乙半成品　　2019 年 6 月　　单位:元

项　　目	上一个生产步骤转入	直接人工	制造费用	合　计
月初在产品成本				
本月本步骤发生费用				
本月上一个步骤转入费用				
生产费用合计				
本月完工产品数量				
月末在产品约当量				
约当产量合计				
完工产品单位成本				
完工产品总成本				
月末在产品成本				

表 7-5　第三个生产步骤产品生产成本明细账

产品:A 产品　　　　2019 年 6 月　　　　单位:元

项　　目	上一个生产步骤转入	直接人工	制造费用	合　计
月初在产品成本				
本月本步骤发生费用				
本月上一个步骤转入费用				
生产费用合计				
本月完工产品数量				
月末在产品约当量				
约当产量合计				
完工产品单位成本				
完工产品总成本				
月末在产品成本				

表 7-6　产品成本还原计算表

产品:A 产品　　　　2019 年 6 月　　　　产量:550 件　　　　单位:元

项　　目	成本还原率	成本项目					
		乙半成品	甲半成品	直接材料	直接人工	制造费用	合计
1.还原前总成本							
2.本月所产乙半成品成本							
3.乙半成品成本还原							
4.本月所产甲半成品成本							
5.甲半成品成本还原							
6.还原后总成本							
7.还原后单位成本							

2.华光公司生产的B产品必须经过三个生产步骤才能完成。原材料在第一个生产步骤一次投入，各个生产步骤的工资和费用均衡地发生。假设月末本生产步骤在产品完工程度都是50%。2018年8月有关成本资料如下：

(1)生产数量资料如表7-7所示：

表7-7 生产数量资料

产品：B产品　　　　2018年8月　　　　单位：件

项　目	第一生产步骤	第二生产步骤	第三生产步骤
月初在产品	50	100	200
本月投入或上一个生产步骤转入	550	500	500
本月完工转入下一个生产步骤(交库)	500	500	550
月末在产品	100	100	150

(2)生产费用资料如表7-8所示：

表7-8 生产费用资料

产品：B产品　　　　2018年8月　　　　单位：元

项　目	第一生产步骤	第二生产步骤	第三生产步骤
月初在产品成本	321 250	175 000	70 000
其中：直接材料	175 000	/	/
直接人工	81 250	100 000	40 000
制造费用	65 000	75 000	30 000
本月本步骤发生的生产费用	511 250	350 000	367 500
其中：直接材料	275 000	/	/
直接人工	131 250	200 000	210 000
制造费用	105 000	150 000	157 500

要求：

(1)采用平行结转分步法计算B产品成本，并登记产品生产成本明细账和产品成本计算汇总表。

(2)根据产品成本计算汇总表编制会计分录。

表 7-9　第一生产步骤产品生产成本明细账

产品:B 产品　　　　2018 年 8 月　　　　单位:元

项　　目	直接材料	直接人工	制造费用	合　　计
月初在产品成本				
本月发生生产费用				
生产费用合计				
最终产成品数量				
在产品约当产量:				
本步骤在产品约当产量				
已转下步骤未完工半成品				
生产总量(分配标准)				
单位产成品成本份额				
结转 550 件产成品成本份额				
月末在产品成本				

表 7-10　第二生产步骤产品生产成本明细账

产品:B 产品　　　　2018 年 8 月　　　　单位:元

项　　目	直接材料	直接人工	制造费用	合　　计
月初在产品成本				
本月发生生产费用				
生产费用合计				
最终产成品数量				
在产品约当产量:				
本步骤在产品约当产量				
已转下步骤未完工半成品				
生产总量(分配标准)				
单位产成品成本份额				
结转 550 件产成品成本份额				
月末在产品成本				

表 7-11 第三生产步骤产品生产成本明细账

产品:B 产品 2018 年 8 月 单位:元

项　　目	直接材料	直接人工	制造费用	合　　计
月初在产品成本				
本月发生生产费用				
生产费用合计				
最终产成品数量				
在产品约当产量: 本步骤在产品约当产量 已转下步骤未完工半成品				
生产总量(分配标准)				
单位产成品成本份额				
结转 550 件产成品成本份额				
月末在产品成本				

表 7-12 产品成本计算汇总表

产品:B 产品 2018 年 8 月 单位:元

生产步骤	直接材料	直接人工	制造费用	合　　计
第一生产步骤				
第二生产步骤				
第三生产步骤				
完工产品总成本				
完工产品单位成本				

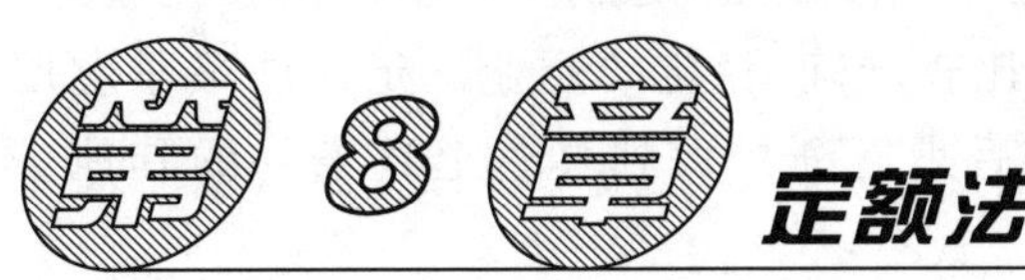

第8章 定额法

本章要点

产品成本计算的定额法，又称为定额成本法，它是以产品定额成本为基础，加上(或减去)脱离定额的差异、材料成本差异和定额变动差异，来计算产品实际成本的方法。采用定额法计算产品成本，实际成本的计算公式为：实际成本＝定额成本±脱离定额差异±材料成本差异±定额变动差异。

定额成本是指根据企业现行材料消耗定额、工时定额、费用定额以及其他有关资料计算的一种成本。产品的消耗定额、费用定额和定额成本确定以后，它们既是对生产耗费、生产费用进行事中控制的依据，也是月末计算产品实际成本的基础，更是产品成本事后分析和考核的标准。

脱离定额差异是指产品生产过程中各项实际发生的生产费用脱离现行定额的差异。脱离定额差异反映了企业各项生产费用支出的合理程度和执行现行定额的工作质量。

材料成本差异是产品生产费用脱离定额差异的一部分。

定额变动差异是指由于修订定额而产生的新旧定额之间的差异。它是定额自身变动的结果，与生产费用支出的节约与超支无关。

定额法的特点包括：(1)事前制定产品的消耗定额、费用定额和定额成本作为降低成本的目标，对产品成本进行事前控制。(2)采用定额法，在生产费用发生的当时，分别核算符合定额的费用和脱离定额的差异，加强对成本差异的日常核算、分析和控制。(3)在定额法下，完工产品的实际成本是以完工产品的定额为基础，加上(或减去)完工产品应负担的脱离定额差异、材料成本差异、定额变动差异等成本差异来求得。(4)定额法是为了加强成本管理，进行成本控制而采用的一种成本计算与成本管理相结合的方法。它不是成本计算的基本方法,与企业生产类型没有直接联系。

定额法主要适用于定额管理制度比较健全,定额管理基础工作比较好,产品生产已经定型,各项消耗定额比较准确、稳定的企业。定额法最早应用于大量大批生产的机器制造企业,后来逐渐扩大到具备上述条件的其他企业。

定额法的成本计算程序包括:(1)制定定额成本;(2)核算脱离定额差异;(3)在完工产品与月末在产品之间分配成本差异;(4)计算完工产品的实际总成本和单位成本。

习　题

一、填空题

1.原材料脱离定额差异的核算方法一般有(　　)、(　　)和(　　)。

2.采用定额法计算完工产品实际成本,其数额应等于定额成本±(　　)±(　　)±(　　)。

二、判断题

1.定额法不仅是一种产品成本计算方法,更重要的,还是一种对产品成本进行直接控制、管理的方法。(　　)

2.定额变动差异是产品生产过程中实际生产费用脱离现行定额的差异。(　　)

3.定额法的适用范围与企业生产类型没有直接关系。(　　)

4.定额成本是根据企业现行定额制定的。(　　)

5.定额成本是一种标准成本。(　　)

6.按计件单价支付的产品生产工人工资,等于定额工资。(　　)

三、单项选择题

1.定额成本是一种(　　)。

A.平均成本　　B.标准成本

C.成本控制的目标　　D.计划成本

2.制定定额成本的依据是(　　)。

A.本企业现行材料消耗定额、工时消耗定额和费用定额

B.本企业平均材料消耗定额、工时消耗定额和费用定额

C.实际材料消耗和工时消耗

D.先进企业定额成本

3.采用定额法,计算完工产品实际成本应以(　　)为基础。

A.月初在产品定额成本　　B.本月完工产品定额成本

C.月末在产品定额成本　　D.本月投入产品定额成本

4.需要计算定额变动的产品是(　　)。

A.月末在产品　　B.本月投入产品

C.月初在产品　　D.本月完工产品

四、多项选择题

1.在各种成本计算方法中,生产费用的日常核算,均按其实际发生额进行核算的成本计算方法有(　　)。

A.分类法　　B.定额法　　C.分批法　　D.品种法

E.分步法

2.定额法成本计算的特点有(　　)。

A.事先制定定额成本

B.分别核算定额成本和脱离定额差异

C.以标准成本为基础,加减各种差异求得产品实际成本

D.计算产品实际成本

E.以定额成本为基础,加减各种差异求得产品实际成本

3.要降低单位产品的计时工资,需要进行的日常控制是(　　)。

A.控制生产工资总额不超过计划

B.领料不超过限额

C.控制非生产工时不超过计划

D.控制单位产品的生产工时不超过工时定额

E.投产产品的数量不少于计划规定的产品数量

4.在以下成本计算方法中,能更好地加强定额管理和成本控制的办法是(　　)。

A.分批法　　B.分类法　　C.定额法　　D.品种法

E.标准成本法

5.采用定额法计算产品成本,产品实际成本的组成项目有(　　)。

A.定额成本　　B.脱离定额差异

C.材料成本差异　　D.费用变动差异

E.定额变动差异

6.为了简化成本计算工作,(　　)等一般可以全部由本月完工产品成本负担。

A.定额成本　　B.脱离定额差异

C.定额变动差异　　D.材料成本差异

E.计划成本

7.制定定额成本的依据有(　　)。

A.现行材料消耗定额　　B.现行工时消耗定额

C.现行费用定额　　D.计件工资

E.计时工资

五、简答题

1.简述定额法的优缺点,适用范围以及应用条件。

2.产品定额成本与产品计划成本的异同何在?

3.简述定额法的成本计算程序。

六、计算题

1.粤中公司 2019 年 6 月大批大量生产甲产品,由一个封闭式车间进行,采用定额法计算产品成本。月初在产品 300 件,本月投入生产产品 500 件,本月完工产品 600 件,月末在产品 200 件,完工程度 50%。材料系开工时一次投入,材料消耗定额由上月 50 元降至本月 48 元。材料成本差异分配率为 -4%,单位产品工时定额 20 小时,计划小时工资率为 3 元,计划小时制造费用率为 2 元。材料成本差异和定额变动差异全部由完工产品负担。

要求:根据资料登记产品成本明细账。

表 8-1　产品生产成本明细账

产品名称：甲产品　　　　2019 年 6 月　　　　单位：元

摘　要		直接材料	直接人工	制造费用	合　计
月初在产品	定额成本				
	定额差异				
	定额变动差异				
本期费用	定额成本				
	定额差异				
完工产品成本	定额成本				
	定额差异				
	定额变动差异				
月末在产品	实际成本				
	定额差异				

2.粤北公司制造甲产品，消耗 A、B、C 三种材料，单位产品消耗定额 A、B、C 分别为 10 公斤、20 公斤、15 公斤；每公斤 A、B、C 材料的计划单价分别为 2 元、3 元、4 元；工时定额一、二、三工序分别为 20、15、5；工资及福利费每小时定额 1.80 元，制造费用每小时定额 2.2 元。

要求：计算该企业单位甲产品的定额成本。

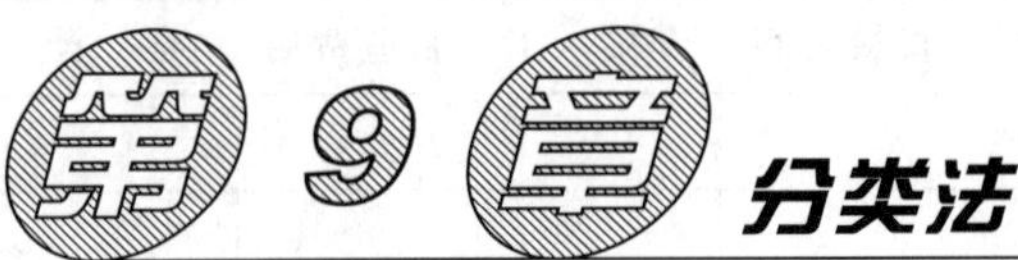

第9章 分类法

本章要点

产品成本计算分类法，是指先按产品类别归集生产费用，计算各类完工产品的总成本，然后采用一定标准分配计算类内各种或各规格产品成本的一种成本计算方法。相对于品种法、分步法和分批法三种主要方法而言，作为成本计算的一种辅助方法，分类法主要满足了简化产品成本计算的需要。

在分类法中，为了简化分配工作，可以按照系数分配同类产品内各种产品成本，称为系数法。因此，系数法是分类法的一种，也可称为简化的分类法。这里的系数有单项系数和综合系数两种形式。前者指用于分配不同成本项目的系数，后者则指适用于各成本项目的分配系数。

分类法与产品生产的类型没有直接联系，因而可以在各种类型的生产中运用。

采用分类法计算产品成本，每类产品内各种产品的生产费用，不论是间接计入费用还是直接计入费用，都采用分配方法分配计算，因而领料凭证、工时记录和各种费用分配表都可以按照产品类别填列，产品成本明细账也可以按照产品类别设立。这样，分类法可以简化成本计算工作，而且还能够在产品品种、规格繁多的情况下，分类掌握产品成本的水平。但是，由于同类产品内各种产品的成本都是按照一定比例分配计算的，计算结果就有一定的假定性。因此，产品的分类和分配标准（或系数）的确定是否适当，是分类法能否做到既简化成本计算工作，又使成本计算相对合理的关键。在进行产品分类时，类距既不宜定得过小，使成本计算工作复杂，也不能定得过大，造成成本计算的“大锅烩”。在分配标准的选定上，要选择与成本水平高低具有密切联系的分配标准。

与分类法相联系的问题是副产品和等级品的成本计算。副产品是企业在利用同种原材料生产主要产品的同时附带生产出来的一些非主要产品。如果

企业的副产品比重较大，为了正确计算主、副产品的成本，应该将主、副产品视同联产品采用分类法计算成本。但如果企业的副产品比重不大，为了简化成本计算工作，可以采用与分类法相类似的方法计算成本。即将副产品与主产品合为一类设立产品成本明细账，归集费用，计算成本，然后将副产品按照一定的方法计价，从总成本中扣除，以扣除后的成本作为主产品的成本。

副产品成本计算的关键，就是副产品的成本计价问题，即副产品按什么标准作价，从而确定副产品应负担的分离点前的联合成本。通常的计价方法包括：(1)按照售价减去税金和按正常利润率计算的销售利润后的余额计价；(2)按照售价减去税金和按在正常利润的基础上确定固定的或计划的单价，以固定的或计划的单价计价；(3)按计划单位成本计价而不计算副产品的实际成本。

等级品是指用相同的原材料，经过相同的生产过程，品种亦相同，但品级和质量不同的产品。等级品的成本计算要区分以下两种情况：(1)由于技术操作不当或管理不善导致的不同等级的产品，在成本计算上不应有所区别，等级品售价的不同导致的利润不同正说明企业有必要改善经营管理，工人有必要精心操作；(2)原材料质量或生产技术条件的影响导致的等级品，如果各等级品售价相差很大，则可按单位售价作为分配标准，采用系数法分配计算各等级产品的成本。

习　题

一、填空题

1.分类法是以(　　)作为成本核算对象，用以归集生产费用，计算出各类产品的(　　)成本后，再在(　　)之间进行分配，计算出类内各种产品成本的一种方法。

2.分类法又被称为(　　)。

3.采用分类法，类内各种产品成本分配的方法有(　　)和(　　)。

4.分类法适用于产品品种规格繁多，并且可以按照一定要求和标准划分为(　　)的企业或企业的生产单位。

二、判断题

1.采用分类法，同类产品内各产品之间各成本项目的分配，可以采用不同

分配标准进行。(　　)

2.采用分类法,同类产品内各产品之间分配费用时,所选择的分配标准,毋须考虑是否与产品成本的高低关系较大。(　　)

3.采用分类法计算产品成本,每类产品内各种产品的生产费用,无论是间接记入费用,还是直接记入费用,都应采用分配方法分配计算。(　　)

4.分类法不是成本计算的基本方法,它与企业生产类型没有直接关系。(　　)

5.采用分类法计算出的某类产品成本,还应当按照一定的分配标准,将成本分配给类内各种产品。(　　)

6.在生产产品品种、规格繁多的企业,采用分类法计算产品成本,可以简化成本计算工作。(　　)

7.分类法应以各种产品品种之和作为成本核算对象。(　　)

8.联产品成本是指联产品的定额成本。(　　)

9.副产品一般价值比较低,不应当负担共同成本。(　　)

10.联产品成本的计算,可以采用分类法。(　　)

三、单项选择题

1.分类法适用于(　　)。

A.大量大批单步骤生产　　B.大量大批多步骤生产

C.单件小批单步骤生产　　D.与企业生产类型没有直接关系

2.采用分类法,应当按照(　　)设置生产成本明细账。

A.产品品种　　B.产品类别

C.联产品　　D.副产品

3.企业在生产主要产品的过程中,附带生产出的一些非主要产品,称为(　　)。

A.联产品　　B.废品　　C.副产品　　D.次品

4.企业利用同种原材料,在同一生产过程中同时生产出的几种使用价值不同的主要产品,称为(　　)。

A.产成品　　B.联产品　　C.等级品　　D.副产品

四、多项选择题

1.采用分类法时,可按照固定系数在类内各产品之间分配,确定系数时选择标准产品的条件是(　　)。

A.售价最低　　B.产量较大
C.消耗最高　　D.材料耗量最大
E.生产较稳定而且规格折中

2.采用分类法计算产品成本，一般应具备的条件是（　　）。
A.产品品种规格繁多
B.多产品可按照一定标准来分类
C.类内产品之间分配费用可选择出适当的分配标准
D.产品品种单一
E.单件小批生产类型的企业

3.采用分类法，同类产品内各种产品之间分配费用的标准一般有（　　）。
A.定额消耗量　　B.定额费用
C.直接成本　　D.售价
E.体积长度和重量

4.分类法的适用范围是（　　）。
A.可将产品划分为一定类别的企业
B.企业联产品成本的计算
C.废品成本的计算
D.企业等级品成本的计算
E.企业副产品成本的计算

5.确定类内不同规格、型号产品系数的依据有（　　）等。
A.产品定额耗用量　　B.产品定额费用
C.产品重量　　D.产品售价
E.产品体积、面积

6.采用分类法，可将（　　）等方面相同或相似的产品归为一类。
A.产品的售价　　B.产品生产工艺技术过程
C.产品的性质和用途　　D.产品结构和耗用原材料
E.产品单位成本

五、简答题

1.解释系数法和分类法。
2.分类法的优缺点有哪些？

六、计算题

1.某企业2019年6月份生产甲、乙、丙三种产品,共耗用A材料3 000元,B材料5 700元;本月三种产品产量各300件;单位产品材料消耗定额:甲、乙、丙产品耗用A材料分别为200公斤、300公斤、100公斤,B材料分别为800公斤、400公斤、500公斤;计划单价:A、B材料分别为10元、5元;选定乙产品为标准产品。

要求:采用系数法,以各产品直接材料费用定额为分配标准,分配计算甲、乙、丙各产品的直接材料成本。

2.某企业2019年5月生产甲、乙两大类别产品。该两类产品规格、型号繁多,每类产品均有三种规格,而且每类内各种规格、型号的产品,在性能、结构、工艺过程和所用的原材料等方面,都基本相同。甲类产品以甲2产品为标准产品,产品生产成本明细账按产品类别设置,成本项目上分为直接材料、直接人工和制造费用。其他有关资料分别如表9-1、9-2所示。

表9-1 生产费用

单位:元

2019年		凭证号数	摘　　要	直接材料	直接人工	制造费用	成本合计
月	日						
5	1		月初在产品成本	35 000	4 500	2 800	42 300
5	31		本月生产费用	186 500	72 600	35 900	295 000
	31		生产费用合计	221 500	77 100	38 700	337 300

表9-2 甲类产品月末产量及定额记录

2019年5月

型　号	月初在产品		完工产品数量	单位完工产品定额成本(元)
	数量	完工程度		
甲1	300	20%	600	30
甲2	400	25%	740	60
甲3	500	30%	800	72

要求:编制甲类产品的各种产品成本计算表。

第10章 期间费用的核算

本章要点

企业在一定时期内发生的成本，按其时间归属可分为产品成本和期间费用两类。期间费用包括营业费用、管理费用和财务费用。

营业费用是指企业在销售商品的过程中发生的各项费用，以及商品流通企业在采购商品过程中发生的各项进货费用(它属于商品流通费用)。营业费用是企业的一项期间费用，不能计入产品成本，应作为当期损益处理，直接抵减企业的当期营业利润。

企业的营业费用包括企业在销售商品、提供劳务等日常经营过程中发生的各项费用，以及专设销售机构的各项经费。按其性质的不同，营业费用通常包括六个方面的内容：(1)日常商品自销费用；(2)专项商品促销费用；(3)专设销售机构的正常经费；(4)委托外单位代销费用；(5)商品流通企业的进货费用；(6)其他营业费用。

企业发生的各项营业费用是通过"营业费用"账户及其明细账户进行归集与结转的。营业费用明细账(如果企业自行设计和印制账簿，可将营业费用总账和明细账合二为一，设计成联合账簿的格式)应该按主要费用项目设置专栏，进行明细分类核算。

企业发生营业费用时，应根据有关原始凭证，按实际发生的金额借记"营业费用"账户，贷记"银行存款"、"现金"、"原材料"、"应付职工薪酬"、"累计折旧"等账户，并逐日或于月末根据有关付款凭证、转账凭证及其所附的要素费用分配表(或原始凭证、原始凭证汇总表等)全面、系统地将本期发生的各项营业费用归集在"营业费用"账户的借方。其中，如果登记依据是付款凭证，应逐日登记(即归集)；如果是转账凭证，则可以平时分散登记，也可以于月末汇总登记。期末，"营业费用"账户余额应全额结转到"本年利润"账户。因此，期末应根据“营业费用”账户的借方所归集的本期营业费用总额,借记“本年利润”账户,贷记“营业费用”账户。期末结账后,“营业费用”账户应没有余额。

管理费用是指企业行政管理部门为组织和管理生产经营活动而发生的各项费用。企业的管理费用项目较多,且比较复杂。按其性质和用途的不同,管理费用主要包括七个方面的内容:(1)企业日常行政管理事务费;(2)企业为职工支付的有关费用;(3)企业支付的各种费用;(4)企业发展费;(5)企业长期资产摊销费;(6)企业计提的流动资产减值损失准备和盘亏净损失;(7)其他管理费用。

企业发生的各项管理费用是通过“管理费用”账户及其明细账户进行归集和结转的。管理费用明细账也应该按主要费用项目设置专栏或专户,进行明细分类核算。

企业发生管理费用时,应根据有关原始凭证,按实际发生的金额借记“管理费用”账户,贷记“银行存款”、“现金”、“原材料”、“应付职工薪酬”、“累计折旧”、“其他应交款”、“其他应付款”、“无形资产”、“长期待摊费用”、“坏账准备”、“存货跌价准备”等账户,并逐日或于月末根据有关付款凭证、转账凭证及其所附的要素费用分配表(或原始凭证、原始凭证汇总表等)全面、系统地将本期发生的各项管理费用归集在“管理费用”账户的借方。其中,对于有关管理费用的付款凭证,应逐日登记(即归集);对于有关管理费用的转账凭证,则可以平时分散登记,也可以于月末汇总登记。

期末,“管理费用”账户余额应全额结转到“本年利润”账户。因此,期末应根据“管理费用”账户的借方所归集的本期管理费用总额,填制转账凭证,将本期发生的各项管理费用直接从当期损益中扣除(即借记“本年利润”账户,贷记“管理费用”账户)。期末结账后,“管理费用”账户应没有余额。

财务费用是指企业为了筹集生产经营所需资金而发生的费用。在市场经济条件下,任何一个企业,为了从事生产经营活动并达成其经营目的,首要条件就是必须筹集到其生产经营所必要的资金,否则“巧妇难为无米之炊”。然而,在企业筹集资金活动中,必然会发生筹资成本,支付筹资费用。

企业的财务费用包括利息净支出、汇兑净损失、金融机构手续费以及筹集生产经营资金所发生的其他费用。

企业发生的各项财务费用是通过“财务费用”账户及其明细账户进行归集和结转的。财务费用明细账应该按主要费用项目设置专栏,进行明细分类核算。主要财务费用项目包括利息支出、汇兑损失、金融机构手续费等。企业可以按这些费用项目单列专栏加以反映。

企业发生财务费用时，应根据有关原始凭证，按实际发生的金额借记“财务费用”账户，贷记“预提费用”、“银行存款”、“长期借款”、“未确认融资费用”、“应付债券”、“长期应付款”、“应收票据”等账户，并逐日或于月末根据有关付款凭证、转账凭证及其所附的要素费用分配表（或原始凭证、原始凭证汇总表等）全面、系统地将本期发生的各项财务费用归集在“财务费用”账户的借方。其中，如果登记依据是付款凭证，应逐日登记（即归集）；如果是转账凭证，则可以平时分散登记，也可以于月末汇总登记。

期末，“财务费用”账户余额应全额结转到“本年利润”账户。因此，期末应根据“财务费用”账户的借方所归集的本期财务费用总额，填制转账凭证，借记“本年利润”账户，贷记“财务费用”账户。期末结账后，“财务费用”账户应没有余额。

最后值得指出的是，面对21世纪的经营环境，期间费用的核算是一个既简单又极其重要的问题。彼得·德鲁克（Peter F.Drucker）认为“企业的唯一目的就是创造顾客”。如此一来，企业应该主要做两件事：创造与营销。在21世纪，企业满足顾客的需求，只能赢得生存的空间，企业只有不断创造顾客的需求（靠“创造”）并引导顾客的需求（靠“营销”），才能赢得可持续发展的空间。在这里，“创造”解决新产品或新服务问题，而“营销”则解决顾客问题。如果企业的“创造”和“营销”都做得好，企业不仅可以不断推出新产品或新服务，而且还拥有源源不断的顾客。如此一来，企业也就具备可持续发展的基本前提。企业的“创造”靠研究与开发，其产生的费用即“研发费用”属于管理费用，而企业的“营销”产生的费用则属于营业费用。如此一来，原本核算简单的期间费用，因企业的“创造”与“营销”日益重要，而显得极其重要。如何通过“营业费用”的核算洞察企业的“创造”与“营销”是一个值得关注的重要问题。

习 题

一、填空题

1.期间费用包括（　　）、（　　）和（　　）。

2.营业费用是指企业在（　　）的过程中发生的各项费用，以及商品流通企业在（　　）过程中发生的各项进货费用（它属于商品流通费用）。

3.企业的营业费用包括企业在销售商品、提供劳务等日常经营过程中发生的各项费用,以及(　　)的各项经费。

4.企业发生的各项营业费用是通过(　　)账户及其明细账户进行归集与结转的。

5.管理费用是指企业(　　)部门为组织和管理生产经营活动而发生的各项费用。

6.企业发生的各项管理费用是通过(　　)账户及其明细账户进行归集和结转的。

7.财务费用是指企业为了(　　)生产经营所需资金而发生的费用。

8.企业的财务费用包括(　　)、(　　)、金融机构手续费以及筹集生产经营资金所发生的其他费用。

9.企业发生的各项财务费用是通过(　　)账户及其明细账户进行归集和结转的。

10.期末,企业的期间费用账户余额应该结转到(　　)账户。

二、判断题

1.期间费用包括营业费用、管理费用和财务费用。(　　)

2.营业费用是企业的一项期间费用,不能计入产品成本,应作为当期损益处理,直接抵减企业的当期营业利润。(　　)

3.企业日常商品自销费用属于管理费用。(　　)

4.专项商品促销费用属于营业费用。(　　)

5.管理费用是指企业行政管理部门为组织和管理生产经营活动而发生的各项费用。(　　)

6.质量担保费用属于管理费用。(　　)

7.期末,“管理费用”账户的余额应该结转到“本年利润”账户。(　　)

8.财务费用是指企业为了筹集生产经营所需资金而发生的费用。(　　)

9.利息支出一定是财务费用。(　　)

10.咨询费用是一项营业费用。(　　)

三、选择题

1.企业的期间费用包括(　　)。

A.营业费用　　　　B.财务费用

C.管理费用　　　　D.制造费用

2.售后服务费属于(　　)。

A.营业费用　　B.管理费用
C.财务费用　　D.制造费用

3.商品流通企业的进货费用属于(　　)。

A.管理费用　　B.营业费用
C.制造费用　　D.财务费用

4.企业日常行政管理事务费包括:(　　)。

A.公司经费　　B.业务招待费
C.绿化费　　D.排污费

5.工会经费按企业职工工资总额(扣除按规定标准发放的住房补贴)的(　　)计提。

A.2%　　B.1.5%　　C.14%　　D.10%

6.企业的财务费用包括(　　)。

A.利息净支出　　B.汇兑净损失
C.金融机构手续费　　D.业务招待费

7.与"财务费用"账户借方相对应的账户可能是(　　)。

A.预提费用　　B.银行存款
C.长期借款　　D.未确认融资费用

8.期间费用结账周期和方法包括(　　)。

A.账结法　　B.表结法
C.复式记账法　　D.流水账法

9.期末,期间费用账户余额应该结转到(　　)账户。

A.本年利润　　B.库存商品
C.基本生产　　D.制造费用

四、问答题

1.企业的营业费用主要包括哪些内容?如何核算?

2.企业的管理费用主要包括哪些内容?如何核算?

3.企业的财务费用主要包括哪些内容?如何核算?

4.期末,企业的"营业费用"、"管理费用"和"财务费用"账户为何通常没有余额?

5.如何理解期间费用的核算是一个既简单而又极其重要的问题?

五、业务题

华南公司2018年8月份发生如下经济业务：

1.2日，通过银行存款支付销售产品的运杂费1 500元。

2.3日，通过银行存款支付产品的电视广告费10 000元。

3.10日，按规定上交职工待业保险费100 000元。

4.31日，计提专设销售机构办公楼折旧费20 000元，行政办公楼折旧25 000元，计提专利权摊销费5 000元。

5.31日，按规定计提坏账准备金20 000元。

6.31日，预提银行短期借款利息1 000元。

要求：

(1)根据上述资料，编制有关会计分录，并登记相应的账户。

(2)结转期间费用账户余额，并登记相应的账户。

表10-1　营业费用明细账

第　　页

2018年		凭证		摘要	运杂费	折旧费	包装费	展览费	广告费	工资及福利费	…	合计
月	日	字	号									
8												

表10-2　管理费用明细账

第　　页

2018年		凭证		摘要	职工待业保险费	无形资产摊销费	坏账准备	差旅费	折旧费	修理费	…	合计
月	日	字	号									
8												

表 10-3 财务费用明细账

第　　页

2018 年		凭　证		摘要	利息支出	汇兑损失	金融机构手续费	其他	合计
月	日	字	号						
8									

第11章 成本报表

本章要点

成本报表(cost statement)是根据企业产品成本和期间费用的核算资料以及其他相关资料编制,用于反映企业一定期间内产品成本和期间费用水平及其构成情况的报告。

与资产负债表、收益表和现金流量表不同,成本报表主要是向企业管理层提供成本信息的内部管理报表。通过编制和分析成本报表,可以考核企业成本计划和费用预算的执行情况,为企业的成本决策提供相关信息。因此,成本报表及其编制与分析是成本会计的重要内容。

与财务报告中的资产负债表、收益表和现金流量表等对外报表相比,成本报表具有如下特点:(1)成本报表基于企业内部经营管理需要而编制;(2)成本报表的种类、格式、项目和内容视企业经营管理需要而定;(3)成本报表提供的成本信息反映了企业经营管理效率。

尽管企业成本报表的种类、格式、项目和内容可以视企业经营管理需要而定,但是,企业在设置成本报表时,也必须符合企业内部管理报表设置的一般原则与要求。

企业在设置成本报表时,应当注意成本报表指标的实用性与报表内容的针对性两个基本要求。成本报表指标的实用性是指企业设置的成本报表,要符合企业生产经营特点,满足企业成本管理要求。成本报表内容的针对性是指企业设置的成本报表,其种类、格式、项目和内容要有针对性。

尽管成本报表具有灵活性和多样性特点,但是,就生产性企业而言,成本报表通常可以按一定的标志分类。成本报表按其反映的经济内容,通常可以分为反映企业费用水平及其构成情况的报表和反映企业产品成本水平及其构成情况的报表两大类。成本报表按其编制时间,可以分为年度报表、半年度报

表、季度报表、月报以及旬报、周报、日报和班报。

成本报表的编制和报送必须做到数字真实、计算准确、内容完整、报送及时。

产品生产成本及销售成本表是反映企业在一定期间内各种产品生产成本和销售成本，以及期末结存产品成本的报表。该报表通常按月编制。通过产品生产成本及销售成本表，可以反映企业在一定期间内全部产品的生产总成本和销售总成本，通过产品单位成本的比较，可以反映企业产品成本水平和升降情况，从而确定企业成本分析的重点，可以反映企业各种产品的生产量、销售量和期末结存量，据以考察企业产品是否适销对路、产销是否协调，是否存在超储积压的产品。

主要产品单位成本是反映企业在一定期间内生产的各种主要产品的单位成本及其构成情况的报表。该表应该按企业主要产品按月分别编制，即每一种主要产品每月编制一份报表。

制造费用表是反映企业及其生产单位在一定期间内发生的制造费用总额及其构成情况的报表。制造费用的构成，除了按照费用明晰项目反映外，还应按照生产单位反映。企业编制的各生产单位汇总的制造费用表只汇总基本生产单位的制造费用，不包括辅助生产单位的制造费用。为了加强费用管理，及时了解企业的制造费用发生情况，制造费用表通常按月编制。季节性生产企业，制造费用表也可以按年编制。

期间费用表是反映企业在一定期间内各项期间费用发生额及其构成情况的报表。如前所述，期间费用包括营业费用、管理费用和财务费用。因此，期间费用表包括营业费用表、管理费用表和财务费用表。各种期间费用表都按照其费用项目分别反映该费用项目的上年实际数或上年同期实际数、本年(月)计划数、本月实际数和本年累计实际数。通过各种期间费用表可以分析企业各种期间费用的构成及其增减变动情况，考核各种期间费用计划的执行情况。

习　题

一、填空题

1.成本报表是根据企业(　　)和(　　)的核算资料以及其他相关资料编制的。

2.成本报表是反映企业一定期间内(　　)和(　　)水平及其构成情况的

报告。

3.成本报表是向(　　)提供成本信息的(　　)会计报表。

4.成本报表的种类、格式、项目和内容等可以由(　　)决定。

5.成本报表根据其反映的内容可以分为反映企业(　　)水平及其构成情况的报表和反映企业(　　)水平及其构成情况的报表两大类。

6.企业编制和报送成本报表应当做到(　　)、(　　)、(　　)和(　　)。

7.企业在设置成本报表时,应当注意报表指标的(　　)和报表内容的(　　)。

8.在产品生产成本表中,产品生产成本总额等于本期(　　)总额,加上在产品和自制半成品(　　),减去在产品自制半成品(　　)。

二、判断题

1.成本报表是一种企业内部管理报表。(　　)

2.基于成本报表的特殊性质,成本报表只能定期编制。(　　)

3.成本报表的格式和内容应该具有统一性。(　　)

4.不同企业的成本报表项目可以存在差异。(　　)

5.产品生产成本表只能按成本项目编制。(　　)

6.制造费用明细表只汇总企业基本生产单位的制造费用,不包括辅助生产单位的制造费用。(　　)

7.成本报表包括了期间费用明细表和制造费用明细表。(　　)

8.成本报表项目中不应包括在“库存商品”账户核算的期末结存产品。

9.成本报表按其编制时间可以分为年度报表、半年度报表、季度报表、月度报表以及旬报、日报、周报和班报等。(　　)

10.主要产品单位成本表按照成本项目分别反映各种主要产品的历史先进水平单位成本、上年实际平均单位成本、本年计划单位成本、本月实际单位成本和本年累计实际平均单位成本。(　　)

三、选择题

1.成本报表是一种(　　)。

A.内部管理会计报表　　B.对外财务会计报表

C.静态报表　　D.汇总报表

2.成本报表的格式、种类和内容等由(　　)规定。

A.政府有关部门　　B.国家制定的企业会计制度

C.股东等利益相关者　　D.企业

3.下列报表不包括在成本报表之列的有(　　)。

A.产品生产成本表　　B.制造费用明细表

C.期间费用明细表　　D.资产负债表

4.产品生产成本表、产品生产成本及销售成本表和产品单位成本表中，相同产品对应的(　　)数额应该相符。

A.单位成本　　B.生产总成本

C.计划总成本　　D.上年总成本

5.制造费用明细表应当反映企业(　　)的制造费用总额。

A.各生产单位　　B.各基本生产单位

C.各辅助生产单位　　D.本部

6.与对外财务会计报告比较，成本报表的特点包括(　　)。

A.为企业内部经营管理的需要而编制

B.报表的种类、格式和内容由企业自行决定

C.报表种类、格式和内容具有统一性

D.按照国家统一会计制度的规定编制

7.成本报表按经济内容可以分为(　　)。

A.反映企业费用水平及其构成情况的报表

B.反映企业成本水平及其构成情况的报表

C.反映企业资产、负债和所有者权益情况的报表

D.反映企业收入、费用和利润情况的报表

8.编制和报送成本报表的要求包括(　　)。

A.数字真实　　B.计算准确

C.内容完整　　D.报送及时

9.按成本项目编制的产品生产成本表通常包括(　　)等部分。

A.本期生产费用总额　　B.在产品和自制半成品期初余额

C.在产品和自制半成品期末余额　　D.本期产品生产成本总额

10.按产品品种和类别贬值的产品生产成本表通常包括(　　)等指标。

A.产品产量　　B.产品单位成本

C.期末在产品　　D.产品生产总成本

四、问答题

1.何谓成本报表？与对外报告相比，成本报表有何特点？

2.简述设置成本报表的基本要求。

3.成本报表如何分类?

4.如何编制产品生产成本及销售成本表?

5.如何编制产品生产成本表?

6.如何编制主要产品单位成本表?

7.如何编制制造费用表?

8.如何编制期间费用表?

五、业务题

华南公司生产A、B和C三种产品。其中,A和B产品为主要产品,C产品为次要产品。2018年有关产量、成本资料如表11-1所示。

表11-1　产量成本资料

2018年度　　金额单位:元

项　　目	A产品	B产品	C产品
产品产量(件)			
本年计划	2 160	1 008	960
本年实际	2 500	1 000	1 000
单位成本			
上年实际平均	600	500	
本年计划	582	490	555
本年实际平均	579	491	530

要求:根据上述资料,编制按产品品种类别反映的产品生产成本表。

表11-2　产品生产成本表(按产品品种类别编制)

编制单位:华南公司　　2018年度　　单位:元

产　品	计量单位	产　量		单位成本			总成本		
		本年计划	本年实际	上年实际平均	本年计划	本年累计实际平均	按上年实际平均单位成本计算	按本年计划单位成本计算	本年实际
主要产品									
A产品	件								
B产品	件								
次要产品									
C产品	件								
合　计									

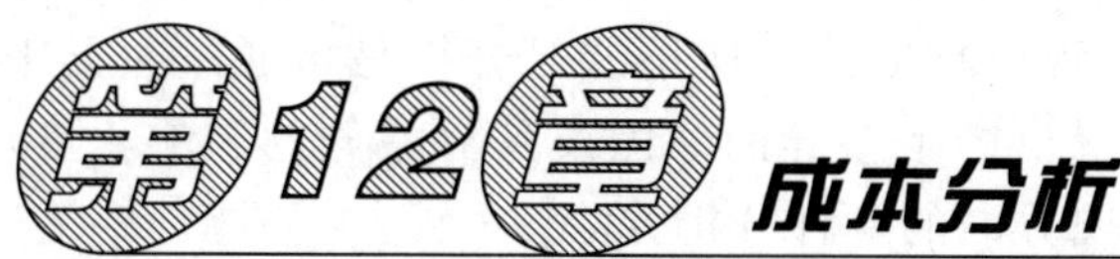

第12章 成本分析

本章要点

成本分析是根据成本核算资料和成本计划资料以及其他相关资料，运用专门方法，揭示企业成本计划或费用预算的执行情况，溯本求源，寻找产生成本计划或费用预算差异的根源，发现降低成本或节约费用的途径，挖掘企业内部增产节约的一项专门工作。成本分析是成本核算工作的延续，也是成本会计的重要组成部分。

抽象的成本数据没有什么信息含量。只有通过成本分析才能使企业做到成本核算与成本管理相结合(即"管算相结合")，提高成本信息的管理内涵。

企业定期或不定期地进行成本分析，对于揭示企业成本计划或费用预算的执行情况，发现成本或费用管理工作中存在的问题，明确成本管理的责任，挖掘企业降低成本或节约费用的潜力，以及为企业编制成本计划、进行成本预测和决策提供相关信息等方面都具有重要的意义：(1)揭示企业成本计划或费用预算的执行情况；(2)落实成本管理的责任制；(3)挖掘企业内部增产节约的潜力。

从理论上说，企业的生产经营过程就是成本或费用发生或形成的过程。成本分析应该贯穿于企业生产经营全过程。考虑到本系列教材的整体安排，为了避免不必要的重复，本书主要阐述基于成本报表和成本计划等资料的成本分析。其内容主要包括：(1)全部产品成本计划完成情况的分析；(2)可比产品(主要产品)成本计划完成情况的分析；(3)主要产品单位成本的分析；(4)制造费用预算执行情况的分析；(5)期间费用预算执行情况的分析；(6)技术经济指标对产品成本影响的分析。

成本分析方法很多，企业究竟应该采用哪种(些)方法，取决于企业成本分析的目的、成本或费用形成的特点以及成本分析所依据的资料性质等。在实践中,常用的成本分析方法包括比较分析法、比率分析法和因素分析法。

比较分析法是指将实际达到的数据与特定的各种标准相比较,从数量上确定差异,并进行差异分析的一种分析方法。所谓差异分析是指通过差异来揭示成绩或差距,做出评价,并找出产生差异的原因及其对差异的影响程度,为今后改进企业的经营管理指明方向的一种分析方法。

成本报表以及成本计划有关成本指标数量上的差异,反映企业成本管理工作的成绩或差距。运用比较分析法就可以揭示这种差距,分析产生差距的原因,以便研究解决问题的途径和方法,进而提高企业成本管理的水平。

既然比较分析法强调比较,自然存在比较数据的问题。在成本分析过程中,运用比较分析法,主要存在如下几种比较数据:(1)分析期的实际数据与计划或预算数据对比;(2)分析期的实际数据与前期实际数据对比;(3)分析期的实际数据与本行业实际平均数据和本行业先进企业实际数据对比。

比率是两数相比所得的值。任何两个数字都可以计算出比率,但要使比率具有意义,计算比率的两个数字就必须能相互联系。比如,一个工厂的产品年产量和职工人数有关系,通过年产量和职工人数这两个数字计算出来的比率,就可以说明这家工厂的劳动生产率。比率分析法是通过计算比率进行分析的方法。在成本分析中,常用的比率分析法包括相关比率分析法和结构比率分析法。

成本或费用是反映企业生产经营效率的综合指标。企业成本或费用的高低是多种因素共同影响的结果。因素分析法是一种分析经济因素的影响、测定各个因素影响程度的分析方法。在成本分析中,因素分析法通常包括连锁替代法和差额计算法。

企业的成本计划完成情况分析主要包括全部产品成本计划完成情况分析、主要产品成本计划完成情况分析和产品单位成本计划完成情况分析。

习　题

一、填空题

1.成本分析的依据是(　　)资料和(　　)资料以及其他有关资料。

2.成本分析的基本方法包括(　　)、(　　)和(　　)。

3.主要产品成本降低任务完成情况的分析对象是主要产品实际成本降低

额和降低率的(　　)的差异。

4.参评单位成本计划完成情况的分析重点是单位成本(　　)较大的产品和全部产品中(　　)较大的产品。

二、判断题

1.成本分析只需要根据成本核算资料进行分析。(　　)

2.主要产品成本降低额和降低率计算依据的是比较分析法的基本原理。(　　)

3.主要产品成本计划降低指标和实际成本降低额、降低率都是通过与上年比较而计算的。(　　)

4.差额计算法可以不考虑各个因素的排列顺序。(　　)

5.采用连锁替代法,改变各个因素的排列顺序,其计算结果就不同。(　　)

6.全部产品成本分析,通常要计算与计划比较的全部产品成本降低额和降低率。(　　)

7.由于各种产品的计划成本降低率不同,产品结构变动会影响主要产品成本降低任务的完成程度。(　　)

三、选择题

1.A 产品本年计划单位成本与其本年实际平均单位成本的差异,除以其上年实际平均单位成本,等于该产品(　　)。

A.计划成本降低额　　B.实际成本降低额

C.与计划比较的成本降低率　　D.实际成本降低率

2.A 产品上年实际平均单位成本与其本年实际平均单位成本的差异,除以其上年实际平均单位成本,等于该产品(　　)。

A.计划成本降低率　　B.与计划比较的成本降低率

C.实际成本降低率　　D.没有经济意义

3.各个产品在全部产品所占的比重是一种(　　)。

A.相对数差额　　B.绝对数差额

C.相关比率　　D.构成比率

4.采用差额计算法时,(　　)。

A.应该按照连锁替代法的原理排列各个因素的顺序

B.可以不考虑各个因素排列顺序

C.应当采用与连锁替代法不同的因素排列顺序

D.各个因素应当统一用计划数计算

5.产品结构变动之所以会影响主要产品成本降低任务的完成程度是因为各个产品的(　　)。

A.计划成本降低额和降低率不同　　B.计划单位成本和总成本不同

C.计划成本降低率不同　　D.实际成本降低率不同

6.成本分析应当根据(　　)等进行。

A.成本核算资料　　B.成本计划资料

C.成本明细账资料　　D.其他有关资料

7.比较分析法的比较方式主要包括(　　)。

A.本期实际数据与本期计划数据比较

B.本期实际数据与前期实际数据比较

C.本期实际数据与前期计划数据比较

D.本期实际数据与本行业实际平均数据或本行业先进企业实际数据比较

8.成本分析的比率分析法主要有(　　)。

A.相关比率分析法　　B.构成比率分析法

C.连锁替代法　　D.差额计算法

9.全部产品总成本计划完成情况分析的内容主要包括(　　)。

A.查明全部产品和各种产品成本计划的完成情况

B.查明全部产品和各成本项目成本计划的完成情况

C.查明参评单位成本升降幅度及其原因

D.查明成本升降幅度大的产品和成本项目,为进一步的分析指明方向

10.主要产品成本降低任务完成情况分析的程序包括(　　)。

A.确定主要产品实际成本降低额和降低率脱离计划的差异

B.确定影响成本降低任务完成的因素

C.计算各个因素变动对成本降低任务完成的影响程度

D.根据各个因素影响程度进行综合评价

四、思考题

1.如何理解成本分析是成本核算工作的延续?

2.成本分析的意义何在?

3.简述成本分析的内容。

4.成本分析包括哪些基本方法?

5.如何进行全部产品成本计划完成情况分析？

6.如何进行主要产品成本计划完成情况分析？

7.如何进行产品单位成本计划完成情况分析？

五、业务题

华南公司生产A、B和C三种产品。其中，A和B产品为主要产品，C产品为次要产品。2018年有关产量、成本资料如表12-1所示。

表12-1　产量成本资料

2018年度　　金额单位：元

项　　目	A产品	B产品	C产品
产品产量(件)			
本年计划	2 160	1 008	960
本年实际	2 500	1 000	1 000
单位成本			
上年实际平均	600	500	
本年计划	582	490	555
本年实际平均	579	491	530

要求：

(1)计算全部产品与计划比较的成本降低额和降低率(填列表12-2)。

表12-2　产品生产成本表(按产品品种类别分析)

编制单位：华南公司　　2018年度　　单位：元

产品名称	计量单位	实际产量	产　量			单位成本			总成本	
			上年实际	本年计划	本年实际	按上年实际单位成本计算	按本年计划单位成本计算	本年实际	成本降低额	成本降低率(%)
主要产品										
A产品	件									
B产品	件									
次要产品										
C产品	件									
合　计										

(2)简要评价该公司全部产品成本计划完成的情况。

(3)计算主要产品计划和实际成本降低额、成本降低率以及实际脱离计划的差异(填列表12-3)。

表12-3 主要产品成本降低任务完成情况分析表

编制单位:华南公司　　2018年度　　单位:元

项　目	成本降低额	成本降低率
1.计划数		
A产品		
B产品		
合　计		
2.实际数		
A产品		
B产品		
合　计		
3.差异数		
A产品		
B产品		
合　计		

(4)分析各个因素变动对主要产品成本降低任务的影响(填列表12-4)。

表12-4 主要产品成本降低任务完成情况分析表

编制单位:华南公司　　2018年度　　单位:元

影响因素	对成本降低额的影响	对成本降低率的影响
产品单位成本		
产品品种结构		
产品产量		
合　计		

(5)对该公司主要产品成本计划完成情况进行简要的评价。

第13章 变动成本法

本章要点

变动成本法(variable costing)以成本性态(cost behavior)为基础。因此，理解成本性态是理解变动成本法的前提。

成本性态，又称为成本习性，是指成本总额与业务量之间的依存关系。这里的“业务量”是指企业在一定的生产经营期间内投入或完成的经营工作量的统称，可以根据具体的业务性质而有所不同。其表现形式可以为实物量、价值量和时间量，如产品的生产量或销售量、产品的销售额、直接人工小时或机器工作小时、维修部门的维修小时、行驶里程等。

成本按其性态可以分为固定成本(fixed cost)与变动成本(variable cost)两大类。

固定成本是指在相关范围(relevant range)内，成本总额不受业务量增减变动影响而固定不变的成本。其特点是在相关范围内，其成本总额保持不变。固定成本还可根据其支出数是否受管理层短期决策行为的影响，进一步分为约束性固定成本(committed fixed cost)和酌量性固定成本(discretionary fixed cost)。要想降低约束性固定成本，只能从充分利用企业生产能力的角度着手，提高产品产量，相对降低其单位成本。要想降低酌量性固定成本，只有从精打细算、厉行节约，在保证不影响生产经营的前提下尽量减少其支出总额。

变动成本是指在相关范围内，其成本总额随着业务量的变动而成正比例变动的成本。其特点是在相关范围内，其成本总额随业务量的增减变动而成正比例变动，而单位业务量的变动成本则不受业务量增减变动的影响而保持不变。

“相关范围”有两层含义：(1)特定的期间；(2)某一特定的业务量水平范

围。成本性态只有在相关范围内才有效。因此，成本性态分析的焦点在于"相关范围"。

在企业的经营管理实践中，并非所有的成本都可以一清二楚地分为固定成本与变动成本。某些成本同时包含固定成本与变动成本两个因素。这种成本，其发生总额虽然也受业务量变动的影响，但并不存在绝对或严格的比例关系。这种成本称为混合成本(mixed cost)或半变动成本(semi-variable cost)。但是，可以应用一定的技术方法将其分解成固定成本与变动成本。从理论上说，一切成本按其性态都可以分解为固定成本与变动成本。正因为如此，才没有将混合成本单独列为一类。

通常，混合成本分解的方法包括历史成本分析法、工程研究法、账户分类法和合同认定法。但是，基于成本会计的视角，较常用的是历史成本分析法。历史成本分析法主要包括高低点法(high-low points method)、散布图法(scatter diagram method)和回归分析法(regression analysis method)。各种混合成本分解的基本思路都是求出 a 与 b，从而，列出成本表达式 $Y=a+bX$。

高低点法通过观察相关范围内成本总额与业务量的最高点和最低点之差进行混合成本的分解。高低点法计算简单，便于运用，但是，它只用最高点和最低点确定成本性态，如果最高点和最低点缺乏代表性，那么，其结果可能与实际情况相去甚远。

散布图法是根据观察的历史成本数据，在直角坐标系上作图，描绘出各期成本点散布图，并根据目测，在各成本点之间画出一条反映成本变动趋势的直线，其与纵轴的交点就是固定成本(a)，然后再据此计算单位变动成本(b)的一种方法。具体地说，散布图法的基本步骤是：(1)画一个平面直角坐标，以横轴代表业务量(X)，以纵轴代表成本总额(Y)；(2)将业务量与成本总额坐标点逐一描绘在直角坐标上，形成若干坐标点即散布点；(3)以目测的方法模拟一条能大致代表上述各点的直线，其表达式为：$Y=a+bX$；(4)上述直线与纵轴的交点就是固定成本部分(a)；(5)在直线上任意取一点(X_1，Y_1)即可确定单位变动成本 b，即：$b=(Y_1-a)/X_1$。由此确定了 a 与 b，这样，成本表达式 $Y=a+bX$ 便随之确定。散布图法综合考虑了各观察点上成本总额与业务量的依存关系，而不是仅凭最高点与最低点这两点就确定成本表达式，因而，其结果相对于高低点法而言，精确一些。但是，它只是目测的结果，可能对同一资料，不同的观察者可以描绘出各自不同的直线。

回归分析法，也称最小二乘法(least-squares method)。回归分析法就是要从这些众多的直线中寻找出一条最接近散布图上各点的直线。这条直线的

表达式为 $Y=a+bX$。从微积分的角度看，就是各个观察点引起的总误差最小。这可以借助高等数学极值原理推导出 a 与 b 的数值。回归分析法具有严密性和科学性，但是，其过程比较复杂。不过，在今天的计算机时代，这个问题已经不存在。

最后还需要指出的是，根据成本性态，业务量水平不同，其单位业务量成本也不同。因此，除非明确具体的业务量水平，否则，单位业务量成本信息没有意义。

基于"存货计价与收益确定"目的的成本计算方法称之为完全成本法(full costing)，它主要满足财务会计对外编制财务报告的需要。完全成本法也称"吸收成本法"(absorption costing)。通常人们所说的成本计算方法就是完全成本法，其主要特点是：产品成本包括直接材料、直接人工和制造费用。变动成本法，又称直接成本法(direct costing)。它与完全成本法的区别在于：根据变动成本法，产品成本只包括直接材料、直接人工和变动性制造费用，而不包括固定性制造费用。其理论依据是：固定性制造费用主要是为企业提供一定的生产经营条件而发生的，这些经营条件一经形成，不管其实际利用程度如何，有关费用照样发生，与产品的实际生产没有直接的联系，并不随业务量的增减而增减，因而，不应把它计入产品成本，而应作为期间费用处理。

由于变动成本法与完全成本法对于产品成本构成的认识和处理方法不同，因而产生了存货计价、分期损益计算等一系列差异。

根据完全成本法，其产品成本包括直接材料、直接人工和全部制造费用，而根据变动成本法，其产品成本则只包括直接材料、直接人工和变动性制造费用，不包括固定性制造费用。图 13-1 描述了这种差异。

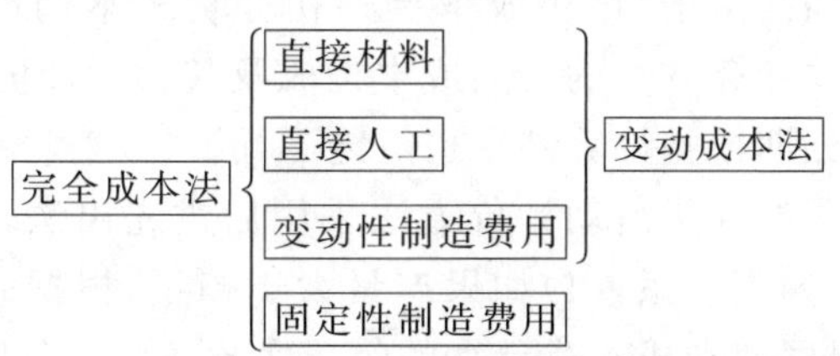

图 13-1　变动成本法与完全成本法的成本构成

根据完全成本法，期末存货吸收了部分固定性制造费用，而根据变动成本法，期末存货却不包括固定性制造费用，固定性制造费用作为期间费用处理，由当期损益负担。

由于两种成本计算方法在产品成本构成和存货计价方面存在差异，从而，使两种成本计算方法分期损益计算也有所不同。

从计算方式看，根据完全成本法，收益表不区分变动成本与固定成本，所有生产成本都计入产品销售成本，从产品销售收入扣除产品销售成本，便可得毛利，再从毛利中扣除销售及行政管理费用就得到经营净收益（之所以用经营净收益而不是净利润，是因为完全成本法与变动成本法对投资收益和营业外收支没有影响）。其计算过程如下：

产品销售收入

减：产品销售成本

毛利

减：销售及行政管理费用

经营净收益

与此相反，根据变动成本法，收益表的成本区分为变动成本与固定成本。产品销售收入扣除生产过程的变动成本，得到生产过程的贡献毛益，再从生产过程的贡献毛益扣除变动性销售及行政管理费用便得到最终贡献毛益，最后从最终贡献毛益扣除固定成本及费用，就得到经营净收益。其计算过程如下：

产品销售收入

减：变动性生产成本

生产贡献毛益

减：变动性销售及行政管理费用

最终贡献毛益

减：固定性制造费用

固定性销售及行政管理费用

经营净收益

从计算结果来看，由于"销售成本＝期初存货＋本期增加存货－期末存货"，那么，两种成本计算方法的产品成本构成及其存货计价不同，其销售成本也自然不同，从而分期损益计算结果也可能不同。

当然，如果企业的存货流动计价方法采用后进先出法，那么，完全成本法与变动成本法存在如下关系：(1)如果产量大于销量，根据完全成本法计算的经营净收益大于根据变动成本法计算的经营净收益。这是因为根据完全成本法，期末存货吸收了部分固定性制造费用，销售收入少扣除了这部分费用；而根据变动成本法，固定性制造费用如数在当期扣除。所以，根据完全成本法，其扣除的固定性制造费用比根据变动成本法少一部分，由此使得根据完全成本法计算的经营净收益大于根据变动成本法计算的经营净收益。(2)如果产量等于销量即产销平衡，根据完全成本法计算的经营净收益与根据变动成本法计算的经营净收益相等。这是因为如果产销平衡，根据完全成本法，固定性制造费用虽然计入产品成本，但又全部转化为产品销售成本，在产品销售收入扣除，即如数在当期扣除；而根据变动成本法，固定性制造费用自然也是如数在当期扣除。因此，两种成本计算方法计算的经营净收益也一样。(3)如果产量小于销量，根据完全成本法计算的经营净收益小于根据变动成本法计算的经营净收益。这是因为根据完全成本法，产品销售收入不仅要扣除本期的固定性制造费用，而且还要扣除上期存货结转、吸收而来的固定性制造费用；而根据变动成本法，产品销售收入却只扣除本期固定性制造费用，从而使得根据完全成本法计算的经营净收益小于根据变动成本法计算的经营净收益(如果企业的存货流动计价方法不是采用后进先出法，上述关系未必始终成立。有兴趣的读者可以自己验证)。

从理论上说，完全成本法与变动成本法都可以为企业管理层提供有用信息，但是，在特定环境下，它们又各有其适应性。

从分期损益的角度来看，在产品销售价格、销售结构和成本不变的情况下，经营净收益应与销售量的增减保持一致。变动成本法能明确揭示产品的销售量、成本和经营净收益之间的依存关系，其所计算的经营净收益与销售量的增减保持一致，易于为企业管理层所接受，便于决策、控制和分析；而完全成本法，由于掺杂了一些人为的计算因素，使经营净收益与销售量增减不能保持相应的依存关系，甚至产量增加而销量减少，经营净收益却增加，这就难以为企业管理层所理解和接受。根据完全成本法，产量增加，经营净收益就增加，有利于促进企业提高劳动生产率，提高产品产量，适用于早期供不应求的卖方市场经营环境或垄断性行业。但是，在今天买方市场经营环境或竞争性行业中，这种情形就显得极为被动。而根据变动成本法，企业扩大销量(而不是增加产量)是增加经营净收益的一种途径。变动成本法有利于以销定产，适用于当今买方市场经营环境或竞争性行业。

从决策分析的角度来看，变动成本法比较适合于短期决策分析。因为就短期来说，企业现有生产能力一旦形成，在短期内难以发生变动，与此相关的固定成本是不可避免的，而变动成本却会受短期决策的影响。贡献毛益揭示了产品的盈利能力，企业的短期决策通常借助于贡献毛益。只有变动成本法才便于提供有关贡献毛益的信息。完全成本法难以胜任这个特殊要求。但是，完全成本法比较适合于长期决策分析。就长期决策分析而言，企业生产能力会发生增减变动，一切成本都是变动成本。企业长期决策分析必须建立在补偿所有成本的基础上。这样，完全成本法所提供的信息比较充分，而变动成本法就显得不适应了。

从成本控制与绩效评价的角度来看,成本控制与绩效评价的准则是可控性原则。变动成本法将成本分为固定成本与变动成本,可以为各责任单位提供成本控制与绩效评价的信息,有利于成本控制与绩效评价。完全成本法不区分固定成本与变动成本,一视同仁,都在各产品之间进行分配,不利于成本控制与绩效评价。

从对外报告及纳税申报的角度来看,传统的成本概念是完全成本概念,变动成本法的成本概念不符合传统成本概念,因而据以进行存货计价与分期损益确定,不符合对外报告的要求,也不符合应纳税额的计算申报。因而,就目前而言,变动成本法还不可能取代完全成本法。

从理论上说,完全成本法与变动成本法都可以为企业管理层提供有用信息,但是,在特定环境下,它们又各有其适应性。一般而言,变动成本法比较适合企业内部经营管理的要求,但不符合对外报告和纳税申报要求;而完全成本法比较适合于对外报告和纳税申报要求,但不符合企业内部经营管理的要求。

成本会计存在对外(存货计价与收益确定)与对内(经营控制与管理决策)两个方面的功能。这就产生了如何使完全成本法与变动成本法相互补充、结合运用的问题。这里所说的相互补充、结合运用,不是指重复地同时搞两套平行的成本核算系统,而是指以一种成本核算系统为基础,同时对其进行适当的调整和"变通",使之能同时兼顾企业内外部两方面的信息需求。

所谓以一种成本核算系统为基础,又应该以哪一种成本核算系统为基础呢?显然,企业内部信息需求是经常性的、大量的,而对外编制报表却只在期末进行(定期性的),因而,比较合理的做法是以变动成本法为基础,同时,对它进行适当调整和"变通",以适应对外编制报表的需要。也就是说,企业把日常核算建立在变动成本法基础上,"基本生产"、"库存商品"账户按变动成本反映,同时另设置"存货中的固定性制造费用"账户,把所发生的固定性制造费用先记入这个账户,期末再将它在已经销售产品、在产品和产成品之间进行分配。对其中应该由已经销售产品负担的部分转入销售成本,由当期损益负担,而对其中应该由在产品、产成品负担的部分仍留在该账户的借方,在资产负债表上作为相应存货项目的附加,使存货和销售成本仍按完全成本列示。这就符合对外编制报表和纳税申报要求。这样既避免平行地重复搞两套成本核算系统,又可以同时兼顾企业内外部两个方面的信息需求。

由此可见,变动成本法与完全成本法的结合运用,体现了现代成本会计所强调的"不同目的,不同成本"的理念。

习　题

一、填空题

1.根据成本性态，成本可以划分为(　　)和(　　)。

2.根据变动成本法，变动成本包括(　　)、(　　)和(　　)，而将(　　)全额列入损益表的期间成本项目。

3.根据变动成本法，产成品和在产品存货不包括(　　)。

4.如果生产量大于销售量，根据完全成本法计算的经营净收益，必然会(　　)变动成本法的计算结果；如果生产量小于销售量，根据完全成本法计算的经营净收益就会(　　)变动成本法的计算结果；如果产销平衡，两种方法的计算结果(　　)。

5.变动成本法与完全成本法的区别主要表现在如下三个方面：(　　)、(　　)和(　　)。

6.变动成本法倾向于鼓励(　　)。

7."相关范围"有两层含义：(1)(　　)；(2)(　　)。

8.贡献毛益先用于扣减(　　)，如有余额，为企业提供(　　)。

二、判断题

1.根据完全成本法，期末存货包含的固定性制造费用将递延到以后各期。(　　)

2.根据变动成本法，全部制造费用都计入当期损益。(　　)

3.完全成本法与变动成本法在产品成本构成上的区别主要体现在对固定性制造费用的处理方式不同。(　　)

4.如果生产量小于销售量，根据完全成本法计算的经营净收益小于根据变动成本法计算的经营净收益。(　　)

5.根据完全成本法，只要各期的销售量相同，各期的净收益就相同。(　　)

6.根据变动成本法计算的经营净收益与销售量保持正向变化关系。(　　)

7.变动成本法有利于长期投资决策分析。(　　)

8.完全成本法比变动成本法更能反映企业生产经营的实际情况。(　　)

9.以完全成本法为基础所计算的分期损益难以为企业管理层所理解。(　　)

10.根据完全成本法，在产品的售价、成本不变的情况下，销售量增加，利润可能会减少。（ ）

11.一般说来，变动成本是管理部门的可控成本，而固定成本则是生产车间和供应部门的可控成本。（ ）

12.完全成本法与变动成本法核算方法不同，企业在运用时只能两者择其一。（ ）

13.企业为了更好地履行对内、对外两方面的职能，必须同时按两套平行的成本计算资料分别进行核算。（ ）

14.采用变动成本法编制损益表，可以发现利润额随着销售量的减少而减少。（ ）

15.根据变动成本法，利润额真正成了反映企业产量多少的晴雨表。（ ）

三、单项选择题

1.下列各项中，（ ）包含在变动性销售费用中。

A.广告费　　B.销售佣金

C.代垫运费　　D.管理人员工资

2.下列各项中，属于制造费用核算内容的有（ ）。

A.直接树料　　B.直接人工

C.间接材料　　D.行政管理人员工资

3.在（ ）情况下，根据完全成本法计算的经营净收益大于变动成本法计算的经营净收益。

A.生产量等于销售量　　B.生产量大于销售量

C.生产量小于销售量　　D.都不是

4.下列各项中，按变动成本法计算，不计入产品成本的是（ ）。

A.直接材料　　B.间接材料

C.变动制造费用　　D.固定制造费用

5.变动成本法的优点主要体现在（ ）方面。

A.易于为管理部门所理解和掌握

B.能提供产品盈利能力资料，有利于管理人员分析

C.便于分清各部门的经济责任

D.有利于编制对外财务报表

6.变动成本法的缺点主要表现在（ ）。

A.鼓励企业多生产产品

B.符合传统的成本概念

C.所确定的数据不符合通用会计报表的编制要求

D.所提供的成本资料较难适应长期投资决策的需要

7.完全成本法的优点表现为(　　)。

A.提高企业生产积极性　　　　B.净收益与销售量正向变化

C.有利于编制对外财务报表　　D.简化成本核算

8.变动成本法将期间成本全部作为当期费用处理,所依据的理由是(　　)。

A.期间成本是不可控的,不应分配计入特定产品的成本

B.期间成本数量一般不大,若将其计入产品成本,会得不偿失

C.期间成本的分配是武断的,会导致错误的管理决策

D.无论是否生产,期间成本都会发生。所以将其分配计入产品成本,将本期经营活动的成本予以递延是不恰当的

9.下列有关变动成本法论述不正确的是(　　)。

A.各期营业净利润的多少只与销售量多少有关,与其他因素无关

B.产品成本不受产量的影响

C.提供的产品成本信息不符合对外报告的要求

D.提供的资料不适于长期决策的需要

10.根据完全成本法与变动成本法,产品成本都包括(　　)。

A.直接材料、直接人工和直接费用

B.直接材料、直接人工和制造费用

C.变动性销售费用

D.变动性生产成本

11.某公司本年度按变动成本法计算的经营净收益为5 000万元,期初存货中固定性制造费用为300万元,期末存货中固定性制造费用为400万元,则根据完全成本法计算的经营净收益为(　　)万元。

A.4 900　　B.5 100　　C.5 400　　D.5 700

12.完全成本法与变动成本法结合运用,以(　　)为基础较为合理。

A.变动成本法

B.完全成本法

C.两者同等重要

D.两者的结合运用既无必要性也无可能性

13.在(　　)情况下,根据完全成本法计算的经营净收益必然小于根据变动成本法计算的经营净收益。

A.存货量减少　　B.存货量增加
C.存货量不变　　D.产品成本变动

14.采用变动成本法计算产品成本时,按照与业务量的依存关系将(　　)分解为变动成本与固定成本。

A.制造费用　　B.管理费用　　C.销售费用　　D.生产成本

15.变动成本法把本期发生的固定性制造费用和管理费用、销售费用全部列作(　　)。

A.间接成本　　B.差额成本　　C.期间成本　　D.边际成本

四、多项选择题

1.变动成本法与完全成本法在(　　)方面不同。

A.会计分期　　B.产品成本结构
C.存货计价　　D.损益计算
E.管理费用计算

2.固定成本又可以进一步分为(　　)。

A.直接成本　　B.期间成本
C.约束性固定成本　　D.可控性固定成本
E.酌量性固定成本

3.根据变动成本法与完全成本法,产品成本都包括(　　)。

A.直接成本　　B.直接人工　　C.直接材料　　D.制造费用
E.变动制造费用

4.如果同是满足以下条件(　　),根据完全成本法,本月成本等于单位产品成本乘以本期销售量。

A.存货计价方法各期一致　　B.单位变动生产成本各期一致
C.固定生产成本各期一致　　D.期初、期末存货数量相等
E.前后期产量一致

5.根据变动成本法,期间成本包括(　　)。

A.管理费用　　B.销售费用
C.固定性制造费用　　D.财务费用

6.根据完全成本法,生产成本包括(　　)。

A.直接材料　　B.间接材料　　C.直接人工　　D.制造费用
E.销售费用

7.根据完全成本法计算的经营净收益指标难以被企业管理层理解,从而

无法做出正确决策的原因在于(　　)。

A.当某期销售量较上期增加时,经营净收益比上期减少

B.当某期销售量比上期减少时,经营净收益却比上期增长

C.当某期销售量最高时,经营净收益却不是最高

D.当某期销售量最低时,经营净收益却不是最低

E.当前后期产量与销量都没有变化时,经营净收益发生变化

8.如果产销不平衡,下面说法中正确的有(　　)。

A.本期生产量大于销售量,根据完全成本法计算的经营净收益大于根据变动成本法计算的经营净收益

B.本期生产量大于销售量,根据完全成本法计算的经营净收益小于根据变动成本法计算的经营净收益

C.本期生产量小于销售量,根据完全成本法计算的经营净收益小于根据变动成本法计算的经营净收益

D.本期生产量小于销售量,根据完全成本法计算的经营净收益大于根据变动成本法计算的经营净收益

E.本期生产量等于销售量,根据完全成本法计算的经营净收益必然等于根据变动成本法计算的经营净收益

9.采用变动成本法计算的产品生产成本和存货成本包括(　　)。

A.变动制造费用　　B.直接材料

C.固定制造费用　　D.直接人工

E.变动性销售管理费用

10.变动成本法使用的贡献式损益表与完全成本法使用的传统式损益表包含的共同指标有(　　)。

A.销售收入　　B.变动成本　　C.贡献毛益　　D.销售毛利

E.经营净收益

五、问答题

1.何谓成本性态?成本如何根据成本性态分类?

2.如何分解混合成本?

3.何谓完全成本法?何谓变动成本法?两者有何差异?

4.变动成本法将固定性制造费用作为期间费用处理的理论依据何在?

5.如果产量大于销量,存货发出计价方法采用后进先出法,为什么根据完全成本法计算的经营净收益大于根据变动成本法计算的经营净收益?

6.如果产量小于销量,存货发出计价方法采用后进先出法,为什么根据完全成本法计算的经营净收益小于根据变动成本法计算的经营净收益?

7.如果产量等于销量,存货发出计价方法采用后进先出法,为什么根据完全成本法计算的经营净收益等于根据变动成本法计算的经营净收益?

8.如何评价完全成本法与变动成本法各自的适应性?

9.如何使完全成本法与变动成本法结合运用?

六、计算题

1.南方公司只生产和销售一种产品。其过去的历史成本数据显示:与最高业务量(75 000 件)及最低业务量(50 000 件)相对应的成本总额分别为176 250元和 142 500 元。南方公司的成本总额包括变动成本、固定成本和混合成本三类。南方公司对最低业务量下的成本总额进行分析得到如下信息:

变动成本总额	50 000 元
固定成本总额	60 000 元
混合成本总额	32 500 元
成本总额	142 500 元

如果南方公司某年度计划生产 65 000 件。

要求:

根据上述资料,计算其混合成本总额和成本总额。

2.大华公司生产 A 产品,有关资料如下:

(1)A 产品单位成本构成如下:

直接材料	30 元/件
直接人工	19 元/件
变动性制造费用	6 元/件
变动性销售及管理费用	4 元/件

(2)大华公司某年度的 10 月份 A 产品产销量及期初期末资料如下:

期初存货	2 000 件
本月生产	10 000 件
可供销售的 A 产品	12 000 件
本月销售	7 500 件
期末存货	4 500 件

(3)大华公司只生产和销售一种产品,某年度 10 月份发生的固定性制造费用为 50 000 元,固定性销售及管理费用为 28 000 元;A 产品单位售价为 80

元，期末存货采用先进先出法，假设大华公司某年度9月份的产量为8 000件。

要求：

根据上述资料，分别运用完全成本法和变动成本法为大华公司编制10月份损益表。

3.某公司过去一直根据完全成本法编制其收益表。其最近三年简明收益表如下：

某公司根据完全成本法编制的最近三年简明收益表

单位：元

	第一年	第二年	第三年
销售收入	80 000	48 000	96 000
销售成本	50 000	30 000	60 000
销售毛利	30 000	18 000	36 000
销售与管理费用(固定性)	15 000	15 000	15 000
经营净收益	15 000	3 000	21 000

最近三年，该公司只生产和销售一种产品。其生产和销售情况如下：

	第一年	第二年	第三年
生产量	10 000件	10 000件	10 000件
销售量	10 000件	6 000件	12 000件

假设该公司产品的单位变动成本为3元，固定成本按每件2元的基础分摊到产品。

要求：

(1)运用变动成本法为该公司编制最近三年的收益表。

(2)为什么采用不同成本计算方法得出的经营净收益，有的年份相同，有的年份不同？如果不同，差异如何？

七、案例分析题

1.某公司生产一种产品，年生产能力为1 000件，但该公司只利用了50%的生产能力，2017年出现了亏损。2018年公司总经理设法扭亏为盈，于是，召集有关人员参加会议，分析现状，寻求解决的办法，广泛征求意见。

下面是与会人员谈话的要点：

总经理:2017 年公司亏损 30 万元,请大家发表意见,分析原因,想办法扭亏。否则,银行对公司不再贷款,公司将被迫停产。

生产副总经理:我们的生产能力是 1 000 件,可是,现在只生产 500 件,固定成本都分摊到 500 件产品上,因此,单位成本上升。只要我们充分利用生产能力,生产 1 000 件,就能使成本降低。关键是销售部门设法推销 1 000 件产品。

销售副经理:我们公司每年销售 500 件产品,目前每件产品价格为 2 500 元。由于市场竞争激烈,我们已经无法提高销售价格,也没有财力去开展推销活动。问题在于我们的产品每件制造成本高达 2 600 元,因此,目前的出路只有降低成本。

总经理:我们的产品各项成本情况如何?

总会计师:每件产品的单位变动成本为 1 000 元,全年的固定制造费用为 800 000 元,固定推销及管理费用为 250 000 元。

财务副经理:我有一个办法可以扭亏为盈。我公司利用全部生产能力来生产,也能扭亏为盈。如此一来,损益表可以显示出利润,贷款就不成问题。然后,我们再努力推销,就可以摆脱困境。

……

根据上述谈话要点,要求:

(1)2017 年该公司亏损 30 万元是如何计算出来的?

(2)财务副经理的意见能否扭亏为盈?为什么?

2.某公司生产和销售一种产品,年生产能力为 40 000 000 件,但在 2017 年度只生产和销售 10 000 000 件。该年度既没有期初存货,也没有期末存货。2017 年度的收益表如下:

某公司 2017 年度的收益表

单位:元

项　目		金　额
销售收入		30 000 000
减:销售成本:		
变动成本	10 000 000	
固定性制造费用	24 000 000	
		34 000 000
销售毛利		−4 000 000
减:销售及行政管理费用(假设全部为固定性费用)		5 000 000
经营净收益		−9 000 000

公司董事会十分重视这笔亏损，专门召开会议研究如何扭亏为盈。会上，公司的顾问张三愿意出任公司总经理扭转困境。但是，他提出：不领固定工资，而领取经营净收益的10%的报酬。董事会经过研究讨论同意了他的要求，并签订了聘任合同。

2018年度，张三上任之后立即抓生产，提高劳动生产率，使公司的年产量上升为30 000 000件，而销售量依然保持在2017年度的水平上。这样，在其他条件不变的情况下，公司2018年度收益表的经营净收益为7 000 000元。公司董事会在核实之后，按合同规定支付700 000元给张三。张三领取了700 000元之后，声称公司已经盈利了，他已经完成了历史使命，他喜欢接受新的挑战，辞去总经理的职务。

根据上述资料，要求：

(1)分别采用完全成本法与变动成本法为该公司编制2018年度收益表。

(2)张三获得报酬的依据是什么？这样的聘任合同是否存在瑕疵？

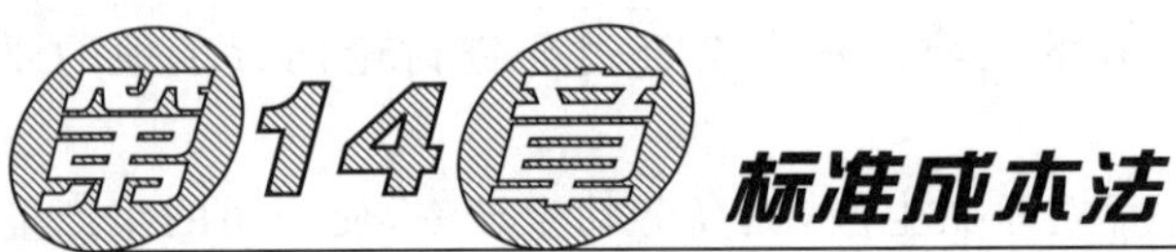

第14章 标准成本法

本章要点

现代成本会计强调成本核算与成本管理相结合。标准成本法（standard costing）就是一种行之有效的成本控制方法。

标准成本法，是指预先确定标准成本，并以实际成本与标准成本相比，用以揭示成本差异，并对成本差异进行分析，据以加强成本控制的一种成本控制方法。标准成本法是为了配合泰罗科学管理学说的实施而引进到成本会计，并成为成本会计的一个重要组成部分。

标准成本法不单纯是一种成本计算方法，而是一种集成本计算、成本分析与成本控制为一体的成本管理系统，它包括标准成本的制定、差异分析和成本差异的账务处理三大部分。

标准成本法与其他成本计算方法相比较，将事前成本计划、日常成本控制和最终产品成本的确定有机地结合起来，形成一个完整的成本控制系统，对企业加强成本管理，提高经济效益具有重要意义。标准成本法的具体作用主要体现在以下几个方面：(1)加强成本控制，提高成本管理水平；(2)为企业管理层提供决策有用的成本信息；(3)有利于挖掘成本潜力，提高企业经济效益；(4)简化了企业日常成本核算。

通常，标准成本包括：理想的标准成本、正常标准成本和现行可达到的标准成本。标准成本法的运行程序可归纳为：

(1)制定单位产品的标准成本。单位产品标准成本通常是按照产品的生产工序和阶段，区分直接材料、直接人工和制造费用等项目分别制定。各个成本项目的标准成本确定之后，将各项目的标准成本汇总，即为单位产品的标准成本。其计算公式为："单位产品标准成本＝直接材料标准成本＋直接人工标准成本＋制造费用标准成本"。

(2)计算产品标准成本。按照各产品的实际产量,计算出各该产品的直接材料、直接人工和制造费用的标准成本。其计算公式为:“产品标准成本=产品实际产量×单位产品标准成本”。

(3)汇总计算实际成本。按照成本核算的一般程序,归集、计算产品生产过程中发生的直接材料、直接人工和制造费用的实际耗费。

(4)计算标准成本差异额。标准成本差异额是指产品实际成本与产品标准成本之间的差额。其计算公式为:“标准成本差异额=实际成本-标准成本”。通常情况下,实际成本大于标准成本所产生的差异,称为“不利差异”(unfavorable variance),通常用“U”表示。在账务处理时,“不利差异”通常出现在账户的借方,故称为“借差”;实际成本小于标准成本所产生的差异,称为“有利差异”(favorable variance),通常用“F”表示。在账务处理时,“有利差异”通常出现在账户的贷方,故称为“贷差”。

(5)成本差异分析。成本差异分析是标准成本法运行过程最为重要的一个环节。因为只有通过成本差异分析,才能为成本控制提供依据,为提出降低成本的措施指明方向。

(6)提交成本控制报告。通过成本差异分析,一方面可以找出成本差异产生的原因,另一方面又能够明确有关的经济责任。据此可以提出成本控制报告,采取有效措施,巩固成绩,克服不足或在必要时修订标准成本,以确保成本控制程序运行通畅。

单位产品的标准成本是由产品的直接材料、直接人工和制造费用组成的。制定单位产品标准成本,应分别根据直接材料、直接人工的标准用量、材料价格标准、人工工资率标准和制造费用分配率标准具体计算。

直接材料标准成本由直接材料用量标准和直接材料价格标准决定。直接材料数量标准是指在现有生产技术条件下生产单位产品所需要的各种材料的数量,它包括形成产品实体的材料,在正常范围内允许发生的材料损耗和生产过程不可避免的废品所耗费的材料数量。直接材料价格标准是指取得某种材料应支付的单位材料价格,包括该种材料买价和预计的各项采购费用。直接材料标准成本的制定是由其单位产品所需各种材料的标准数量和与之相适应的标准价格计算求得。其计算公式为:“直接材料标准成本$=\sum$(单位产品材料消耗标准×材料价格标准)”。

直接人工标准成本由直接人工用量标准和直接人工价格标准决定。在制定直接人工标准成本时,其基本程序首先是区分各种直接作业的种类,其次是逐一确定各作业在单位产品中的标准工时和标准小时工资率,最后两者相乘得出单位产品的直接人工标准成本。其计算公式为:“直接人工标准成本=单位产品工时标准×小时工资率标准”。

制造费用标准成本通常按部门分别制定。如果某种产品由多个部门生产加工,就需要将各部门的单位产品制造费用汇总,并计算单位产品制造费用的标准成本。在制定各部门的制造费用标准成本时,通常先要求按部门分别确定生产单位产品所需的标准工时和标准费用分配率,然后两者相乘就得到单位产品制造费用的标准成本。其计算公式为:“制造费用标准成本=单位产品工时标准×费用分配率标准”。

企业实际发生的成本与标准成本对比,就产生成本差异。通过成本差异的分析,企业就可以发现成本控制存在的问题,从而分析问题并解决问题。成本差异是指生产经营过程所发生的实际成本偏离相关标准成本所形成的差额。成本差异的通用模式可以概括为:

成本差异(CV)=实际成本(AC)-标准成本(SC)
=实际产量(AQ)×实际价格(AP)-标准数量(SQ)×标准价格(SP)
=(实际数量×实际价格-实际数量×标准价格)+(实际数量×标准价格-标准数量×标准价格)
=实际数量×(实际价格-标准价格)+(实际数量-标准数量)×标准价格
=价格差异+数量差异

根据成本差异计算通用模式的基本原理,还可以采用列表方式进行分析计算(如图 14-1 所示)。

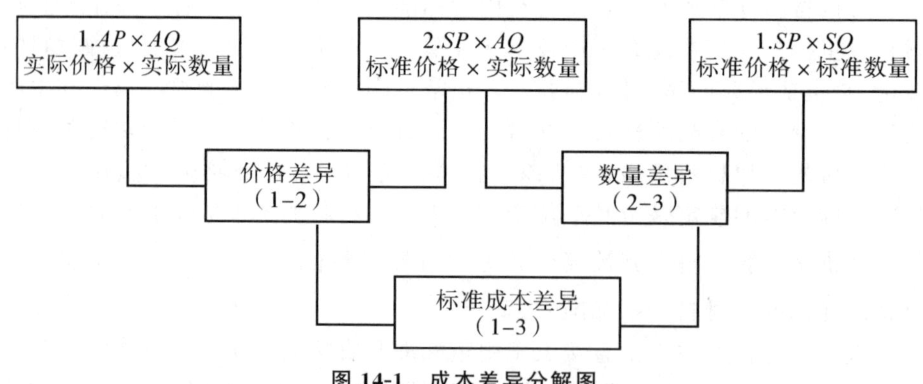

图 14-1 成本差异分解图

直接材料成本差异是指基于实际产量的直接材料实际成本与直接材料标准成本之间的差额。它可以分解为直接材料价格差异与直接材料用量差异两部分。直接材料价格差异是指因直接材料实际价格脱离标准价格而形成的直接材料成本差异。其计算公式为："材料价格差异＝材料实际用量×（材料实际单价－材料标准单价）"。直接材料用量差异是指因直接材料实际耗用量脱离标准耗用量而形成的直接材料成本差异。其计算公式为："材料用量差异＝（材料实际数量－材料标准数量）×材料标准单价"。

直接人工成本差异是指基于实际产量的直接人工实际成本与直接人工标准成本之间的差额。直接人工成本差异也可以分解为价格差异和用量差异两部分。直接人工价格差异通常称为工资率差异，直接人工用量差异通常称为效率差异。直接人工工资率差异是指因直接人工实际工资率脱离标准工资率而形成的直接人工成本差异。其计算公式为："直接人工工资率差异＝实际工时×（实际工资率－标准工资率）"。直接人工效率差异是指因直接人工实际工时脱离标准工时而形成的直接人工成本差异。其计算公式为："直接人工效率差异＝（实际工时－标准工时）×标准工资率"。

由于变动性制造费用与固定性制造费用的成本性态不同，通常制造费用差异按其性质分为变动性制造费用差异与固定性制造费用差异两类。变动性制造费用差异是指变动性制造费用实际发生额与变动性制造费用标准发生额之间的差额。变动性制造费用差异也分解为价格差异与用量差异两部分。变动性制造费用价格差异通常称为变动性制造费用耗费差异，变动性制造费用用量差异通常称为变动性制造费用效率差异。

变动性制造费用耗费差异是指因变动性制造费用实际分配率脱离标准分配率而形成的变动性制造费用差异。其计算公式为："变动性制造费用耗费差异＝分配基础实际用量×（实际费用分配率－标准费用分配率）"。变动性制造费用效率差异是指因实际耗用的直接人工工时脱离标准工时而形成的变动性制造费用差异。其计算公式为："变动性制造费用效率差异＝（分配基础实际用量－分配基础标准用量）×标准费用分配率"。

固定性制造费用不同于变动性制造费用。它主要与生产能力的形成和其正常的维护相联系。在一定的生产业务量范围内，固定性制造费用总额不变。因此，通常采用编制固定性制造费用预算进行控制。如果企业采用完全成本法计算产品成本，固定性制造费用也要分配于产品。在计算产品标准成本时，要事先制定固定性制造费用标准分配率。其计算公式为："固定性制造费用标准分配率＝固定性制造费用预算总额÷预计产能的标准工时"。固定性制造费用差异的分解方法包括两差异法和三差异法两种。

两差异法是指将固定性制造费用差异分解为固定性制造费用预算差异与固定性制造费用能量差异两部分。预算差异(budget variance)也称为耗费差异,是指实际固定性制造费用脱离预算而形成的差异,即固定性制造费用的实际发生额与预算额之间的差额。其计算公式为:"固定性制造费用预算差异=固定性制造费用实际发生额-固定性制造费用预算额"。能量差异(capacity variance)是固定性制造费用的预算脱离标准而形成的差异,即基于标准产能,固定性制造费用预算额与固定性制造费用标准成本之间的差额。其计算公式为:"固定性制造费用能量差异=标准固定性制造费用分配率×(产能标准工时-实际产量标准工时)"。根据两差异法,固定性制造费用成本差异就是预算差异与能量差异之和,即:"固定性制造费用成本差异=固定性制造费用预算差异+固定性制造费用能量差异"。

三差异法是指将固定性制造费用差异分解为固定性制造费用耗费差异、固定性制造费用生产能力差异和固定性制造费用效率差异三部分。固定性制造费用耗费差异是指固定性制造费用实际发生总额与预算总额之间的差额,与前述的两差异法的预算差异相同。即:"固定性制造费用耗费差异=固定性制造费用实际发生额-固定性制造费用预算额"。固定性制造费用生产能力差异是指因生产能力的实际利用程度偏离预定的标准生产能力所形成的固定性制造费用差异。其计算公式为:"固定性制造费用生产能力差异=标准固定性制造费用分配率×(标准产能总工时-实际耗用工时)"。固定性制造费用效率差异是指因生产单位产品实际耗用工时偏离其标准工时所形成的固定性制造费用差异。其计算公式为:"固定性制造费用效率差异=标准固定性制造费用分配率×(实际耗用工时-实际产量应耗标准工时)"。

三差异法的固定性制造费用生产能力差异与固定性制造费用效率差异之和等于两差异法的固定性制造费用能量差异。三差异法就是将固定性制造费用成本差异分为耗费差异、效率差异和生产能力利用差异三种。其中,耗费差异的计算与两差异法的计算相同。三差异法将二差异法的"能量差异"进一步分为两个部分:一部分是实际产量的实际工时未能达到(或超额)预算产量的标准工时而形成的生产能力差异;另一部分是实际产量的实际工时脱离实际产量标准工时而形成的差异,即效率差异。

根据标准成本法,应当将标准成本和成本差异纳入产品成本核算系统。在该产品成本核算系统下,产品成本按标准成本在相关账户之间结转。根据标准成本法,需要设置两大类账户:一类用来反映各种标准成本,另一类用来

反映成本差异。

标准成本法账务处理的基本步骤包括:(1)登记各项标准成本账户。在日常发生成本支出时,先将其分离为标准成本和成本差异两个部分;然后以标准成本分别登记原材料、生产成本、库存商品、主营业务成本等各有关标准成本账户。这里所指的标准成本是基于实际数量计算的标准成本额。(2)登记各项成本差异账户。对于成本差异,按类别分别登记相应的成本差异账户。为了便于考核,各成本差异账户还可以按责任部门设置明细账户,分别记录各部门的成本差异数额。(3)处理成本差异。根据标准成本法,期末成本差异的处理主要有两种方法:第一,结转本期损益法。即在会计期末将全部的成本差异转入本期权益账户(本年利润账户),或者先将其转入产品销售成本账户,然后再将销售成本总额(标准成本加上成本差异)转入权益账户。第二,调整销售成本与存货法。即在会计期末将全部成本差异按照基于实际数量计算的标准成本比例在销售成本与存货之间进行分配,以便合理地计算当期损益。

标准成本法的账务处理程序如图 14-2 所示。

在图 14-2 中:①代表直接材料计入产品成本;②代表直接人工计入产品成本;③代表变动性制造费用计入产品成本;④代表固定性制造费用计入产品成本:⑤代表结转完工产品成本;⑥代表结转已销售产品成本;⑦代表结转本期成本差异。

完成上述账务处理程序之后,标准成本法所反映的“标准成本”全部转化为实际成本。

经过上述转换过程,标准成本法与实际成本法相融合,同样体现了现代成本会计所强调的“不同目的,不同成本”的理念。

不过,近年来,标准成本法备受指责:

第一,标准成本的制定适合于规模化、大批量生产的管理情境,而 21 世纪强调顾客化、小批量生产。由此,标准成本的制定缺乏应有的基础,即便制定了标准成本,也可能缺乏代表性。

第二,21 世纪强调创新,强调突破原有的各种框框。而有标准就有规矩,标准成本可能墨守成规,抑制创新。

第三,标准成本法强调生产过程,而 21 世纪的企业对成本的关注已经超越生产过程,延伸到整个产品的生命周期。

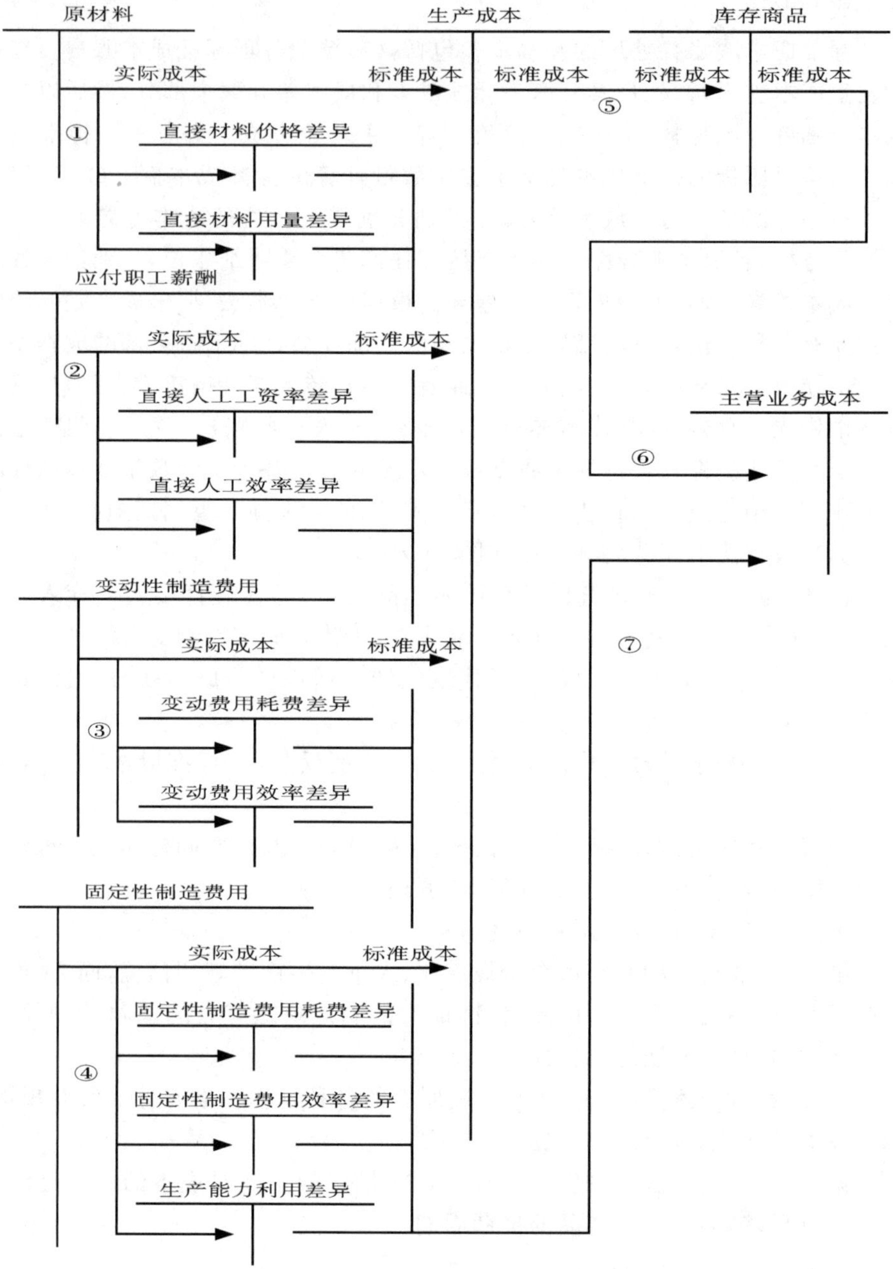

原材料
实际成本
①
直接材料价格差异
直接材料用量差异
生产成本
标准成本
标准成本
⑤
库存商品
标准成本
标准成本
应付职工薪酬
实际成本
标准成本
②
直接人工工资率差异
直接人工效率差异
主营业务成本
⑥
变动性制造费用
实际成本
标准成本
③
变动费用耗费差异
变动费用效率差异
⑦
固定性制造费用
实际成本
标准成本
固定性制造费用耗费差异
④
固定性制造费用效率差异
生产能力利用差异

图 14-2　标准成本法的账务处理程序流程图

习　题

一、填空题

1.标准成本法包括(　　)、(　　)和(　　)三大部分。

2.根据标准成本法,成本差异是指(　　)与(　　)之间的差额。

3.固定性制造费用差异的计算有两差异法和三差异法两种。根据两差异法,固定性制造费用差异可分为(　　)和(　　)两部分,而根据三差异法,固定性制造费用差异可分为(　　)、(　　)和(　　)三部分。

4.标准成本按其制订的基础可分为(　　)、(　　)和(　　)三种类型。

5.总体上,成本差异包括(　　)与(　　)两种类型。具体地说,成本差异可进一步细分为(　　)、(　　)和(　　)。

6.直接人工成本差异通常包括(　　)和(　　)。

二、判断题

1.工资率差异,通常应由安排工作的主管人员负责。(　　)

2.材料价格差异,不论什么情况都由采购部门负责。(　　)

3.由于采购部门购入材料质量低劣而引起用量过多,那么,该种用量差异应由采购部门负责。(　　)

4.变动性制造费用效率差异实际上反映的是产品制造过程中的工时利用问题。(　　)

5.直接人工效率差异是指直接人工实际成本与直接人工标准成本之间的差额。(　　)

6.固定性制造费用效率差异形成的原因,与直接人工效率差异形成的原因相同。(　　)

7.标准成本应在当前正常生产条件下,根据平均先进定额制订。它是经过努力应达到的现行标准。(　　)

8.所谓成本差异是指实际成本与标准成本之间的差额。(　　)

9.标准成本高于实际成本所形成的差异称为不利差异。(　　)

10.一般而言,材料的价格差异应由采购部门负责,材料的数量差异应由负责控制用料的生产部门负责。(　　)

11.直接人工工资率差异也称为直接人工价格差异。直接人工效率差异也称为直接人工用量差异。(　　)

12.固定性制造费用差异等于固定性制造费用开支差异加上固定性制造费用能量差异,再加上固定制造费用效率差异。(　　)

13.固定制造费用能量利用差异主要是由于产品订价过高、经济不景气、材料供应不足和停电等原因影响了产销量而造成的。(　　)

14.变动性制造费用分配率差异也称为变动性制造费用开支差异、变动性制造费用耗用差异或变动性制造费用预算差异。(　　)

三、单项选择题

1.通常应对材料数量不利差异负责的部门是(　　)。

A.质量控制部门　　B.采购部门

C.工程设计部门　　D 生产部门

2.在最佳的经营条件下可能达到的最低成本标准是(　　)。

A.现在可以达到的标准成本　　B.理想标准成本

C.正常标准成本　　D.现实标准成本

3.固定性制造费用效率差异是由于(　　)之间的差异而造成的制造费用差异。

A.实际工时与预算工时　　B.实际工时与标准工时

C.预算工时与标准工时　　D.实际分配率与标准分配率

4.在成本差异分析中,变动性制造费用开支差异类似于(　　)。

A.直接人工效率差异　　B.直接材料用量差异

C.直接材料价格差异　　D.直接人工工资率差异

5.在成本差异分析中,变动性制造费用效率差异类似于(　　)。

A.直接材料用量差异　　B.直接材料价格差异

C.直接人工效率差异　　D.固定制造费用开支差异

6.被广泛采用的标准成本一般指(　　)。

A.基本的标准成本　　B.理想的标准成本

C.正常的标准成本　　D.现实的标准成本

7.根据成本差异金额的大小来决定是否"例外",这是考虑到差异的(　　)。

A.重要性　　B.一贯性　　C.特殊性　　D.可控性

8.计算价格差异的公式是(　　)。

A.价格差×实际产量下的实际用量

B.价格差×实际产量下的标准用量

C.标准价格×实际产量下的用量

D.实际价格×实际产量下的用量

9.下列不属于影响直接人工效率变动的因素是(　　)。

A.生产工人安排不当　　B.材料质量低于正常标准

C.生产工艺过程的改变　　D.原材料价格上涨

10.变动性制造费用,包括变动性制造费用耗用差异和(　　)。

A.能量差异　　B.闲置能量差异

C.效率差异　　D.工资率差异

11.已知变动性制造费用标准分配率为 0.50 元/小时,执行结果:标准工时 1 000 小时,实际工时 1 200 小时。实际发生的变动性制造费用为 550 元。由此可求出变动性制造费用耗用差异为(　　)。

A.－50 元　　B.＋50 元

C.100 元　　D.以上结果都不对

12.对固定性制造费用编制预算,主要是在一定的相关范围内采用(　　)。

A.固定预算　　D.零基预算　　C.弹性预算　　D.概率预算

13.制造费用的工时标准,通常采用直接人工工时和(　　)。

A.机器工时　　B.定额工时　　C.非定额工时　　D.标准工时

四、多项选择题

1.产品成本是由(　　)成本项目组成的。

A.直接材料　　B.直接工资　　C.制造费用　　D.财务费用

2.产生材料价格脱离标准的原因,可能会是(　　)。

A.进料数量未按经济订货量办理　　B.折扣期内延期付款,未获优惠

C.购入低价材料　　D.增加运输途中损耗

3.造成材料数量差异的主要原因有(　　)。

A.操作疏忽造成废品废料增加　　B.工人用料不精心

C.未按经济采购量订货　　D.新工人上岗造成多用料

4.影响材料成本差异的原因有(　　)。

A.调价　　B.采购的数量

C.材料不符合原来生产需要　　D.紧急订货

5.由(　　)造成的人工工资率差异,是企业可以预防的。

A.工人的调度和工作安排不够得当　B.工人不熟悉工作环境

C.工资变动后未及时修改工资标准　D.生产准备时间过长

6.下列差异中,属于价格差异的有(　　)。

A.工资率差异　B.人工效率差异

C.变动性制造费用效率差异　D.变动性制造费用耗用差异

7.固定性制造费用的三种成本差异指的是(　　)。

A.效率差异　B.耗费差异

C.价格差异　D.生产能力利用差异

8.造成变动性制造费用耗费差异的原因有(　　)。

A.直接材料质量次、废料多　B.间接材料价格变化

C.间接工人工资调整　D.间接人工的人数过多

9.构成直接材料成本差异的基本因素有(　　)。

A.效率差异　B.耗费差异　C.用量差异　D.价格差异

10.标准成本的种类有(　　)。

A.实际标准成本　B.理想的标准成本

C.正常标准成本　D.现行可达到的标准成本

五、问答题

1.标准成本法有何意义?为什么说标准成本法是控制成本的有效工具?

2.如何理解标准成本的三种类型?

3.如何制定标准成本?在制定制造费用的标准成本时,为何要区分变动性制造费用标准成本与固定性制造费用标准成本?

4.如何进行直接材料差异分析?

5.如何进行直接人工差异分析?

6.如何进行制造费用差异分析?它与直接材料、直接人工差异分析有何不同?

7.如何进行成本差异的账务处理?

8.期末,如何处理成本差异?

9.企业实施标准成本法需要哪些条件的配合?

10.标准成本的制定是一个技术问题还是一个会计问题?

六、计算题

1.某企业 2018 年 11 月生产 A 产品 2 000 件，实际耗材为 1 800 千克，成本为 3 510 元，而 A 产品的直接材料用量标准为 1 千克/件，标准价格为 2 元/千克。

要求：计算其直接材料成本差异。

2.某公司 2018 年 11 月生产 Y 产品 1 000 件，实际耗用直接人工为 1 800 小时，支付人工成本为 7 560 元，Y 产品直接人工的标准工时为 2 小时，标准小时工资率为 4 元/小时。

要求：计算其直接人工成本差异。

3.某公司 2018 年 10 月有关固定性制造费用的资料如下：固定性制造费用实际支付数额为 4 900 元，固定性制造费用预算数为 4 800 元，预计生产能量标准总工时为 2 400 小时，实际耗用工时为 2 200 小时，实际产量应耗标准工时为 2 000 小时。

要求：分别运用两差异法和三差异法计算其固定性制造费用差异。

第15章 作业成本法

本章要点

20世纪后期,成本会计取得了一些引人注目的进展。以"作业"(activity)为核心的作业成本法(activity-based costing,简称ABC)是其中之一。

作业成本法建立在一系列基本概念基础上。这些基本概念是理解和掌握作业成本法的前提。这些基本概念包括作业、作业中心、成本库、成本动因、成本对象和资源。

作业(activity)是企业为了特定目的而消耗资源的活动或事项。它代表企业实施的工作,它是连接资源与成本对象的桥梁。一般而言,作业具有三个特征:(1)作业是企业组织投入与产出因果关系连动的实体;(2)作业贯穿于企业经营管理的全过程,构成包容企业内部与连接外部的作业链;(3)作业是可量化的基准。

根据作业成本法的需要,有时还有必要确认企业不同作业层次所"驱动"(driver)的各项成本。在实践中,有时需要对作业进一步分类:(1)单位作业(unit level activity)。单位作业是指每生产一个单位执行一次作业,且各个单位所消耗的资源数量大致相同的作业。(2)批作业(batch level activity)。批作业是指每生产一批产品执行一次的作业。其资源的消耗反映在与各批相联系的成本动因上。(3)产品作业(product level activity)。产品作业是指为了维持某特定生产线的存在而执行的作业。它通过生产线与资源的消耗联系起来。(4)能量作业(facility level activity)。能量作业是指为了维持企业的整体生产能力而执行的作业。

作业中心(activity center)是一系列相互联系、能够实现某种特定功能的作业集合。如果把企业的一系列相关作业所消耗的资源费用归集到作业中心,便构成该作业中心的成本库(cost pool)。实际上,成本库是作业中心的货

币表现形式。

成本动因(cost driver)是作业成本法的核心观念。它是导致成本发生的根源,是成本对象与其直接关联的作业和最终关联的资源之间的中介因素。作业和成本对象是其起因,资源消耗是其结果。成本动因是作业成本法的核心问题。成本动因可以进一步分为:(1)资源动因(resource driver)。资源动因是导致资源消耗的根源。它是衡量资源消耗量与作业之间关系的某种计量标准。资源动因反映了资源消耗的起因,它是资源消耗归集到作业的依据。资源动因可以用于评价作业使用资源的效率。(2)作业动因(activity driver)。作业动因是导致作业发生的原因。它是将成本库的成本分配到成本对象的依据,也是将资源消耗与最终产出连接的桥梁。

成本对象(cost objective)是企业执行各项作业的原因。它是归集成本的最终点。根据企业管理的需要,成本对象可以是产品,也可以是作业、部门或生产线、一个人,乃至整个企业,甚至可以是企业的外部顾客。

资源(resource)是支持作业的成本或费用来源。它是作业执行过程所需要花费的各种代价。与某项作业直接相关的资源应该直接计入该作业。如果某项资源支持多种作业,就应该借助一定标准将资源分配计入各种相应的作业。

作业成本法奠基于"作业消耗资源,成本对象消耗作业"这两个前提。据此,作业成本法基本原理可以概括为:依据不同成本动因分别设置成本库,再分别以各种成本对象所耗费的作业量分摊其在该成本库的作业成本,然后,分别汇总各种成本对象的作业总成本,计算各种成本对象的总成本和单位成本。由此可见,作业成本法将着眼点放在作业上,以作业为核算对象,依据作业对资源的消耗情况将资源的成本分配到作业,再由作业依据成本动因追踪到成本对象的形成和积累过程(如图 15-1 所示)。

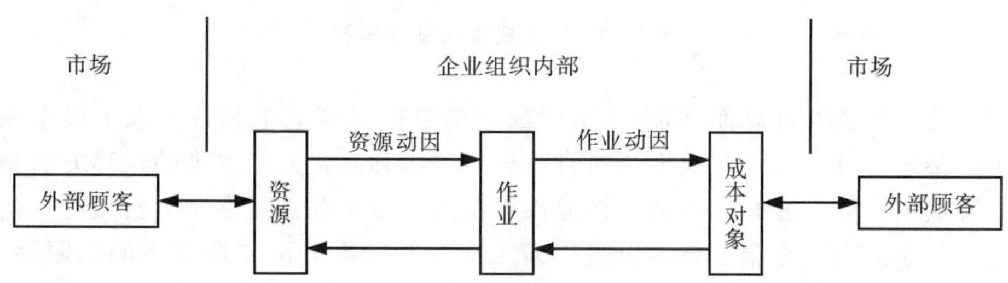

说明:在企业组织内部,上面的箭头表示成本计算和形成过程,下面的箭头表示资源消耗过程。

图 15-1 作业成本法基本原理

根据图 15-1 所描述的基本原理,作业成本法的基本步骤包括:(1)确认主要作业和作业中心。(2)将资源成本分配到作业中心。将归集起来的投入成本或资源分配到每个作业中心的成本库,每个成本库所代表的是它所在的那个中心所执行的作业。因此,该步骤的成本动因是要确认每个成本中心的资源耗用量。这个步骤的分配工作,反映了作业成本法的基本前提:作业量决定资源耗用量。资源耗用量的高低与最终的产出量(成本对象)没有直接的关系。这种资源消耗量与作业量之间的关系就是前述的"资源动因"。"资源动因"是本步骤分配的基础,这是作业成本法的"本源"。顾名思义,作业成本法计算的就是企业各种作业的成本。(3)将各个作业中心的成本分配到成本对象。这个步骤的分配工作反映了作业成本法的基本前提:产出量(成本对象)决定作业耗用量。这种作业消耗量与企业产出量(成本对象)之间的关系就是"作业动因"。这是作业成本法的延伸。既然第二步骤已经计算出企业各种作业的成本,那么,企业就可以"按需取数"计算出各种成本对象的成本。产品只是作业成本法的众多成本对象之一。作业成本法的基本步骤如图 15-2 所示。

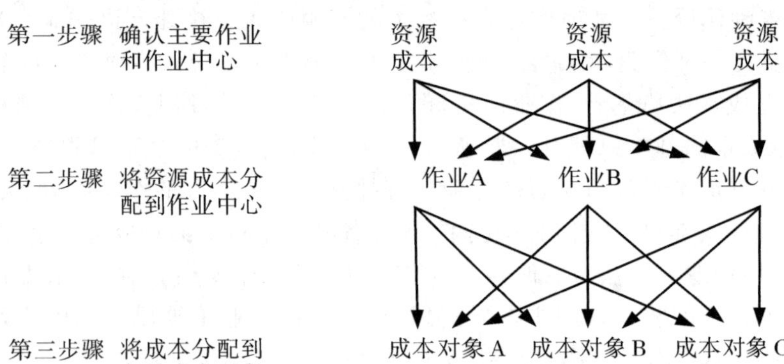

图 15-2　作业成本法基本步骤

就产品成本计算而言,由于生产成本的直接材料成本和直接人工成本属于直接成本,因而,作业成本法对直接材料成本和直接人工成本的核算方法与传统成本计算方法并无不同。作业成本法的特点主要体现在制造费用的分配上。作业成本法克服了单纯以直接人工成本等标准分配制造费用的局限性,缩小制造费用的分配范围(由整个企业统一分配改为由若干个"成本库"分别进行分配),增加制造费用分配标准(由单一标准改为多元标准),即按引起制造费用发生的各种成本动因进行分配。

传统成本计算法采用单一分配标准(如直接人工小时)进行制造费用的分

配，忽视了各种产品生产的复杂性和技术含量不同以及与此相联系的作业量不同，从而导致产品成本的扭曲。这就类似于大家一起去餐馆吃饭，然后“AA”制。表面上，大家平均分配“餐费”。其实，这并不公平。因为每个人点的菜都不一样，当然每道菜的价钱也不同，而且每个人所“享用”的饭菜数量与品种也并不同。但是最后却是大家平均分摊“餐费”，有些人可能因此而“吃亏”，另一些人可能因此而占“便宜”。

传统成本计算方法导致产品成本的扭曲主要体现在：掩盖成本发生的实质，造成不同产品之间的“成本转移”问题。所谓“成本转移”是指由于成本计算方法的原因而使得某些产品成本被低估，某些产品成本被高估。根据传统成本计算方法，导致成本转移的主要因素包括批量差异、工艺差异、产品规格差异等。

其实，无论是作业成本法还是传统成本计算方法，都是通过两个层次分配制造费用。但是，其隐含的逻辑不同。传统成本计算方法通过两个层次分配制造费用。企业所发生的制造费用首先归集到“制造费用”账户（成本库），然后，再根据一定标准分配到产品。这就隐含着“产品消耗资源”的假设。资源消耗量直接分配到产品，形成产品成本。从表面上看，这种假设合乎逻辑，也无懈可击。其实，仔细地观察，它掩盖了作业在资源转化为产品过程中的作用这个实质性问题。作业是资源转换为产品必不可少的关键环节。然而，根据传统成本计算方法，这却是一个“黑箱”。

尽管作业成本法也采用两个层次分配制造费用，但是，它以成本动因为媒介，从而打开了传统成本计算方法的“黑箱”，不再是一步将资源越过作业分配到产品。因此，与传统成本计算方法相比，作业成本法可以提供更为相关的成本信息。

更为重要的是，传统成本计算方法只是为了存货计价与收益确定而将已发生的制造费用分配到成本对象（产品），而作业成本法则是为了管理决策，改进企业业务流程而将已发生的制造费用分配到成本对象（作业或产品或其他）。这可以从作业成本法的成本分配观（cost assignment view）与流程观（process view）这个“二维”观念得到进一步说明（如图 15-3 所示）。

图 15-3 的垂直部分，反映了成本分配观。它说明成本对象引起作业需求，而作业需求又引起资源的需求。这是成本分配的“资源流动”。成本分配观的“成本流动”却恰好相反，它从资源到作业，而后从作业到成本对象。成本分配观从“成本流动”与“资源流动”两个侧面全面地提供有关资源、作业和成本对象的信息。图 15-3 的水平部分，反映了流程观。它为企业提供有关何种

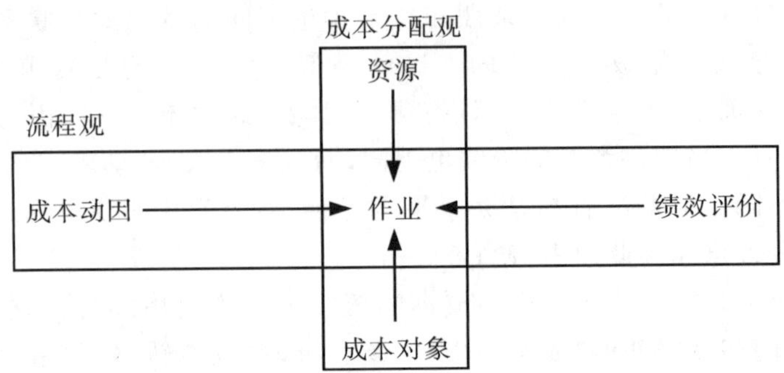

图 15-3 作业成本法的"二维"观念

原因引起作业(成本动因)以及作业完成得如何(绩效评价)的信息。企业利用这些信息,可以改进作业链,优化价值链,提高从企业外部顾客获得的价值。作业成本法从纵横两个侧面为企业改进作业链,减少作业耗费,提高作业的效益提供信息。

这里的"流程观"非常重要。一方面,它使管理会计与企业业务流程(business process)有机融合;另一方面,它协调了制造(生产)观念与财务观念。通过作业成本法,人们可以考察作业(流程),了解某个部门从最开始耗费的每一元资金及其经历的各种变化,从而使制造(生产)经理所信奉的观念与财务经理的观念一致。工程师、设计师与会计师不必再争论成本应该如何汇集,而关注决定产品或生产过程应该耗费多少成本。由此,制造(生产)经理与财务经理具有"共同语言",作业成本法有助于消除各部门之间的偏见。

与传统成本计算方法相比,作业成本法还具有如下的特色:(1)全员成本管理意识成为现实。作业成本法计算的是作业成本。企业员工每天的工作就是执行必要的作业。作业成本法计算的就是每个员工的成本,成本问题自然成为全员的问题。作业成本法使企业所有员工都讲"同一种语言":在保证质量的前提下,持续降低成本,"将昨天的成本转化为明天的利润",持续创造价值。(2)"整合四流,创造一流"。作业成本法计算的是企业最基本事项(即作业)的成本。企业可以根据其管理需求,"按需取数",计算各种成本对象的成本(产品成本只是其中之一)。由此,作业成本法真正体现了成本会计"不同目的,不同成本"(different cost for different purposes)的精髓,有助于企业整合"资金流"、"物流"、"信息流"和"人力资源流"(即"四流"),创造一流的绩效。这才是作业成本法的魅力之所在。(3)揭示成本发生的"来龙去脉"。从管理决策的视角看,单纯的成本信息没有意义。实际上,作业成本法的计算过程就

是成本动因的分析过程。基于成本动因分析的作业成本法揭示了“成本为何发生”(这就明确了降低或避免成本发生的落脚点),“成本如何发生”(这是控制成本发生的基本点),展示了成本发生的“来龙去脉”,从而将“成本避免”(cost avoidance)与“成本控制”(cost control)和谐地统一起来,丰富了成本信息的管理意义。(4)拓展了成本计算与成本管理的空间。传统成本计算方法计算的是产品的成本,关注的是生产过程的效率(efficiency)问题。然而,“局部优化”不等于“全局优化”。21世纪,顾客的需求日新月异,企业产品的生命周期日益缩短。企业对成本产生的根源及其结果的考察必须超越生产阶段,拓展到整个产品的生命周期。作业成本法以作业为核心,“按需取数”,使成本计算与成本管理延伸到整个产品生命周期,从而拓展了成本计算与成本管理的空间,消除了不同行业成本计算与成本管理的“隔阂”,统一了各行业的成本计算与成本管理思维。(5)为会计信息系统(accounting information system,AIS)与企业资源计划系统(enterprise resource planning,ERP)的整合奠定基础。实际上,企业内部业务流程就是企业资源的整合与运用。这就要求企业必须摒弃传统的会计信息系统,超越管理信息系统(management information system,MIS),引入企业资源计划系统。企业任何资源的整合与运用都与作业有关。作业成本法自然而然地为会计信息系统与企业资源计划系统的整合奠定基础。

作业成本法从以“产品”为中心转移到以“作业”为中心,不仅克服了传统成本计算方法的某些固有缺陷,提供较为相关的成本信息,而且更为重要的是作业成本法不只对最终成本对象的成本进行监控,“就成本论成本”,而是把着眼点与着重点放在成本发生的前因和后果上,以作业为核心,以资源流动为线索,以成本动因为媒介,通过对所有作业活动进行跟踪动态反映,对最终成本对象的形成过程所发生的作业成本进行有效控制。这样,作业成本法就具有战略管理的意义。作业成本法可以更好地发挥决策、计划和控制作用,使企业处于持续改善的环境之中。因此,作业成本法与其说是一种先进的成本计算方法,不如说是一种实现成本前馈控制与反馈控制相结合,成本计算与成本管理相结合的“全员成本管理系统”。作业成本法为成本管理提供一种新思维——作业成本管理(activity-based cost management,ABCM)。同时,它也对整个会计信息系统产生一定的影响,展示了成本计算方法由“数量基础”到“作业基础”的最新进展,为会计信息系统与企业资源计划系统的整合奠定基础。作业成本法可视为成本会计发展的一次“里程碑”。

习　题

一、填空题

1.根据作业成本法的需要，有必要确认企业不同作业层次所“驱动”的各项成本。据此，作业可以进一步分为（　　）、（　　）、（　　）和（　　）。

2.作业成本法的核心观念是（　　）。

3.成本动因可以进一步分为（　　）和（　　）。

4.作业成本法奠基于（　　）前提。

5.作业成本法基本步骤中的“将资源成本分配到作业中心”反映了作业成本法的基本前提：（　　）。

6.（　　）是作业成本法基本步骤中的“将资源成本分配到作业中心”的分配基础。

7.作业成本法基本步骤中的“将各个作业中心的成本分配到成本对象”反映了作业成本法的基本前提：（　　）。

8.（　　）是作业成本法基本步骤中的“将各个作业中心的成本分配到成本对象”的分配基础。

9.作业成本法的“二维”观念包括（　　）和（　　）。

10.实际上，作业成本法从以（　　）为中心转移到以（　　）为中心。

二、判断题

1.作业成本法的“作业”是企业为了特定目的而消耗资源的活动或事项。（　　）

2.编制生产计划作业是单位作业。（　　）

3.与直接材料成本相关的作业是单位作业。（　　）

4.与维持顾客关系相关的作业是产品作业。（　　）

5.与固定资产折旧相关的作业是能力作业。（　　）

6.实际上，成本库是作业中心的货币表现形式。（　　）

7.成本动因可以进一步分为资源动因和作业动因。（　　）

8.作业动因是“将资源成本分配到作业中心”的分配基础。（　　）

9.资源动因是“将各个作业中心的成本分配到成本对象”的分配基础。（　　）

10.作业成本法计算的就是产品的成本。(   )

三、问答题

1.简述作业成本法的基本概念。
2.简述作业成本法的基本步骤。
3.制造费用的分配追求相关性还是精确性?
4.何谓成本转移?传统成本计算方法为什么会发生成本转移?
5.与传统成本计算方法相比,作业成本法具有哪些特色?
6.作业成本法能够提供精确的成本信息吗?
7.如何理解作业成本法的战略思维?
8.作业成本法是否只适合于高新技术企业?为什么?
9.成本管理就是作业管理?为什么?

四、计算题

1.某公司某年度成功地生产并销售两种打印机:豪华型和普通型。其相关的数据如下:

	豪华型	普通型
产量(台)	5 000	15 000
单位销售价格(元)	1 400	1 200
单位直接材料与人工成本(元)	200	80
直接人工小时(小时)	25 000	75 000

该公司某年度的制造费用为2 000 000元,成本会计师分析了制造费用的作业、成本库和成本动因如下表所示:

作业	成本库(元)	成本动因
工程	125 000	工程作业时间
调整	300 000	调整次数
机器运行	1 500 000	机器小时
包装	75 000	包装单数量

两种打印机实际消耗的作业量如下:

成本动因	豪华型	普通型	合计
工程作业时间	5 000	7 500	12 500
调整次数	200	100	300
机器小时	50 000	100 000	150 000
包装单数量	5 000	10 000	15 000

要求：

分别运用传统成本计算方法(制造费用采用直接人工小时分配)和作业成本法计算两种打印机的单位成本并比较其盈利能力。

2.某出版社出版两种版本的美食食谱:平装本和精装本。该出版社采用机器小时分配制造费用。这两种版本美食食谱的制造费用包括能量成本200 000元和质量检验成本 300 000 元。其他相关资料如下：

	精装本	平装本
销售收入(元)	1 600 000	1 400 000
直接成本(元)	1 250 000	600 000
产量(本)	500 000	350 000
机器小时(小时)	42 500	7 500
检验次数(次)	2 500	12 500

过去,该出版社一直采用机器小时分配制造费用。

要求：

(1)运用传统成本计算方法计算各种美食食谱的成本及其利润。

(2)运用作业成本法计算各种美食食谱的成本及其利润。

(3)根据两种成本计算方法可能得出什么不同的结论?

第16章 质量成本会计

本章要点

在竞争日趋激烈的环境里，顾客对产品或服务的质量要求越来越高。产品或服务质量水平的高低成为企业生存与发展的关键因素。质量成为许多企业的基本战略主题。然而，质量意味着成本。企业需要在满足顾客要求的同时尽可能降低经营成本，质量成本因此而成为企业管理层关注的重点。通过对质量成本指标的关注，可以权衡质量与成本的关系，从而为企业和顾客构造一个双赢的局面，提升企业自身的财务实力与竞争实力。

广义地说，质量是指产品或服务的优劣程度。美国质量控制协会（American Society for Quality Control）对质量所作的定义是：产品或服务自身所具备的特性，使其在被购买时和使用过程中可以满足顾客的要求。可见，对质量优劣的判断标准，与产品或服务能在多大程度上满足顾客的要求密切相关。从这个意义上看，质量就是顾客对产品或服务感知的优良程度。

质量包括两个方面的因素。其一，产品或服务对顾客要求的满足程度即设计质量（quality of design）；其二，产品或服务的实际性能与其设计性能的符合程度即符合性质量（quality of conformance）。设计质量着重点在于产品或服务的性能，符合性质量则着重于使用的效果。

国际质量标准的制定，为评估供应商的质量水平提供了统一的标准。有些知名企业都要求其供应商取得 ISO 9000 质量标准认证，以确保购入的产品或服务拥有较高的质量水平，从而保证企业最终产品的质量水平。ISO 9000 是由国际标准化组织（International Organization for Standardization，ISO）制定的质量认定标准。

质量成本包括企业为保证或提高产品或服务质量所发生的费用，也包括由于产品或服务未达到相关标准而带来的损失和费用。因此，企业为保证或提高产品或服务的质量水平,必须从事相关作业,因此而产生的成本就是质量成本。与质量相关的作业包括控制作业与故障作业。控制作业包括预防作业与鉴定作业。而故障作业是指已经出现了低质量的产品或服务("故障"已经存在)之后,顾客和企业所做的反应或补救措施。故障作业包括内部故障作业与外部故障作业。

预防成本(prevention cost)发生于企业生产的研究与开发阶段,它是指企业为保证产品质量不低于预定标准所发生的开支以及为提高质量水平而发生的相关费用。预防成本的目的在于防止在其后的生产过程出现低质量产品。

鉴定成本(appraisal cost)发生的时点在预防成本之后,故障成本之前,它是指企业为确保产品质量达到预定标准,按预定的成本计划对原材料、零部件、产成品进行检测而发生的相关费用。鉴定成本的目的在于防止将不合格的产品交付给顾客。

如果企业的产品或服务达不到预定的质量标准,不符合设计质量或符合性质量的要求,就会出现故障成本(failure cost)。如果故障成本发生在产品出厂之前,通过鉴定作业发现低质量或存在缺陷的产品,相关成本和损失属于内部故障成本(internal failure cost)。如果故障成本发生在产品流出市场之后,相关的成本和损失就属于外部故障成本(external failure cost)。

上述质量成本项目中,预防成本和鉴定成本属于企业事先可以规划和控制的成本,故称可控质量成本;内部故障成本和外部故障成本则属于企业难以事先控制的成本,故称不可控质量成本。预防成本和鉴定成本是企业为确保产品质量可以达到预定标准而必须从事的作业成本,也称不可避免成本;如果预防作业与鉴定作业收到理想的效果,交付给顾客的产品没有任何缺陷和任何质量问题,那么,故障成本也就不会发生。因此,故障成本也称为可避免成本。

从计量的角度看,质量成本还可以分为显性成本与隐性成本两大类。显性成本可以从会计记录直接获取数据。例如,预防成本、鉴定成本、内部故障成本以及部分外部故障成本等成本项目都属于有形损失,企业需要按照明确的金额支付或补偿;其余的则是隐性成本。隐性成本属于机会成本,无法直接从会计记录获取数据,而涉及金额往往又比较大,要对其进行相关的计量和报告,必须按照适当的方法予以估计。常见的估计方法包括乘数法(multiplier method)、市场研究法(market research method)以及田口质量损失函数(Taguchi quality function)。

质量成本核算是质量成本会计的重要内容和主要任务。所谓质量成本核算，就是按照产品形成的全过程，从投产前的技术准备过程、生产制造过程到产品销售过程的质量成本核算。它是用货币形态反映产品质量状况，进行全面质量控制的依据。

质量成本核算包括账外核算与账内核算两种方式。账外核算强调质量成本核算体系的独立性，将其与会计日常核算严格区分，单独设置质量成本的记录，由各质量成本控制点进行核算。账内核算利用会计核算的现有体系进行质量成本核算，在原有的会计科目中增设"质量成本"一级科目，下设预防成本、鉴定成本、内部故障成本、外部故障成本和质量成本调整等五个二级科目，分别对质量成本具体项目进行核算。账内核算方式可以对质量成本的实际发生数额进行比较有效的控制。不过，在操作上比较烦琐。账外核算方式简单易行，但是，在质量成本控制效果方面不如账内核算方式有效。

质量成本控制是指企业依据预定的质量成本目标，对质量成本形成过程中的一切耗费进行严格的计算和审核。企业首先需要设定质量成本的绩效标准，据以对实际质量成本进行比较，分析差异以及产生差异的原因，以便采取必要措施，不断降低质量成本，提高质量成本管理的水平。

质量成本管理的最终目标是用最少的质量成本，生产出最优质的产品。而能够生产出最优质产品的最少质量成本，就是最优质量成本。对最优质量成本的评价存在两种观点：传统观和现代观。

传统观认为，质量成本结构的控制成本与故障成本之间存在着此消彼长的关系，控制成本增加，故障成本将相应减少。因此，只要故障成本的减少额超过了相对应的控制成本的增加额，企业就应该努力探查和防止出现低质量产品，这样最终将确定一个代表着质量成本总和最低水平的"点"，也即控制成本与故障成本之间的最优平衡点。在这一点上，控制成本的任何增加额都将超过相对应的故障成本减少额。传统观的最优质量水平为可接受的质量水平(acceptable quality level，AQL)。任何一项产品规格指标或质量特征都有上下限标准，不超过该范围就属于合格产品。传统观的局限性相当明显，允许甚至鼓励次品生产的观点，无论对消费者还是对企业都是十分有害的。

现代观认为，质量成本总额并非如传统观所描述的那样，达到某一个平衡点之后就稳定不变。随着控制成本的增加与故障成本的减少，质量成本总额也会相应减少，而预防成本与鉴定成本在增加到一定程度后也可以减少，从而使质量成本总额出现永久性减少的态势。可见，质量成本水平是动态的。

全面质量管理(total quality management，TQM)是一种全新的现代质量管理观念,强调质量管理是全员参与、覆盖产品生命周期全过程的、以工作质量保证产品质量和服务质量的管理体系。其主要特点包括:(1)质量成本管理涉及产品生命周期的全过程,质量成本控制应该从产品的设计和投产开始,而不是仅仅放在生产过程。(2)全面质量管理以全过程"零缺陷"为最终管理目标。(3)由于故障成本发生之后企业要付出的代价远高于控制成本,企业应尽可能及时消除产品的质量隐患,减少、避免完工后的返修返工。(4)强调产品生命周期全过程的质量管理,产品设计、生产与售后服务质量缺一不可。忽视前两者,企业无法开拓市场,而忽视后者,企业难以保住市场份额。(5)从战略的高度权衡质量与成本之间的关系,兼顾企业长远利益与短期利益,确定合理的成本结构。

质量成本报告制度是企业完善质量成本控制的必要措施。通过质量成本报告,企业管理层可以系统全面地评价当前的实际质量成本情况。质量成本报告按质量成本的分类详细列示实际质量成本,并向企业管理层提供以下两个方面的重要信息:(1)显示各类质量成本的支出情况以及财务影响;(2)显示各类质量成本的分布情况,以便企业管理层判断各类质量成本的重要性。通过了解相关信息,企业管理层可以更有针对性地控制质量成本,改善成本结构。

为了反映企业在质量管理方面所取得的进展及其成效,企业还需要编制质量绩效报告(quality performance report)。企业质量绩效报告包括三种类型:(1)中期报告;(2)长期报告;(3)多期质量趋势报告。

鉴于21世纪顾客的需求日新月异,企业产品的生命周期日益缩短,企业对成本产生的根源及其结果的考察必须超越生产阶段,拓展到整个产品的生命周期。这便是产品生命周期成本(life cycle cost)概念。

产品生命周期成本计算法(life cycle costing)是估计和累计产品或设备整个生命周期成本的方法和程序。显然,这里所说的"产品生命周期成本计算"已经超越了传统意义上的只是从产品的生产企业角度看成本问题即所谓生产者成本(producer's cost),而进一步拓展到同时从产品的使用者视野看成本问题即所谓使用者成本(user's cost)。也就是说,成本的观念发生了变化:从企业观念发展到社会观念。这种成本观念的转变与价值链观念密切相关。通过产品生命周期成本的计算,旨在促进社会价值链的持续改进与优化,推进社会整体经济效益的提高。产品生命周期成本的构成如图16-1所示。

传统的成本计算只是局限于生产者成本领域,而没有涉及使用者成本范畴,其视野是极为狭隘的。这种狭隘的成本观念可能对社会经济的发展带来

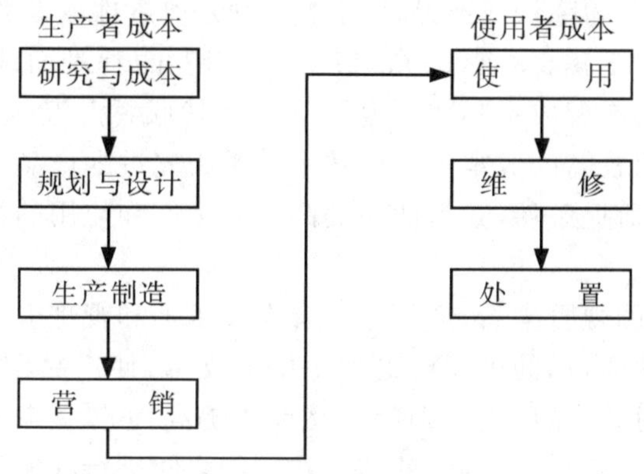

图 16-1　产品生命周期成本构成图

无穷无尽的后患。必须看到,在当今的社会,许多耐用产品,特别是某些大型的高科技产品,其使用者在这些产品上的运行成本以及这些产品最终废弃时处置成本的总和,往往比这些产品的生产者成本要大得多。如此,传统的成本计算只重视生产者成本,无视使用者成本。这是一种必须尽快纠正的完全轻重倒置的现象。如果再从生产者成本的计算来看,传统的做法着眼于产品制造成本计算,而对产品在研究与开发、规划与设计领域的成本没有给予足够的重视。这可以说与当代科学技术的蓬勃发展及其广泛运用于生产领域的大趋势背道而驰。生产者生产产品的最终成本高低,实际上,绝大部分是由产品投产前的研究与开发、规划与设计阶段的工作质量与水平所决定的。产品投产之后的制造阶段,降低成本的潜力很小。况且,企业为了不断提高产品的科技含量,扩大产品在市场竞争中的优势,也必须着重在产品的研究与开发、规划与设计阶段花大力气。这同时也是生产者能够影响使用者成本降低的关键所在。

产品生产者为了提高其产品在市场上的竞争优势并促进社会的进步,必须通过不断提高产品的科技含量,以增进其使用功能,而要做到这些,产品的生产者就必须在研究与开发、规划与设计阶段进行开拓与创新,从而,导致其相关成本的增加。生产者这样做的结果是:产品的功能提高了,使用者的满意度也因此而提升,产品使用者愿意支付更高的价格购买该种产品,产品生产者由此而增加的成本便可从中得到补偿,因而,产品生产者不仅不会因此而“得不偿失”,相反,还会因此而全面提高其竞争优势,并在使用者心目中树立更良好的社会形象。此外,从产品使用者的角度看,产品功能的改善,必然会导致其使用和维修成本的降低或产品使用过程中劳动条件的改善。同时,环境污染的减少,也有助于减少社区公众对产品使用者的责难而改善其社会形象。由此可见,产品生产者成本和使用者成本是密切联系并互为消长的。其总体趋势是:生产者用较高的成本生产出技术上更为先进的产品,为产品使用者的成本降低创造了前提条件,并由此而提高产品生产和使用的社会效益,促进社会的进步。

从整个社会的视野来看,产品生产者在技术上和管理上不断进取、不断创新,提高了产品的质量,的确需要追加一定的支出,使产品生产者成本呈现出上升的趋势;同时,产品使用者则因产品性能提高而减少其使用成本,使用者成本呈现出下降的趋势。为此,就需要在它们之间进行权衡,寻找出一个合理的区间,使得社会资源得到合理的配置和使用,实现社会价值链的改进与优化。这就是质量成本的社会价值之所在!

习 题

一、填空题

1.质量包括(　　)和(　　)等两个方面的因素。

2.设计质量着重点在于(　　),符合性质量则着重于(　　)。

3.与质量相关的作业包括(　　)和(　　)。

4.质量成本可以分为(　　)、(　　)、(　　)和(　　)等四类。

5.隐性成本属于机会成本,无法直接从会计记录获取数据,其常见的估计方法包括(　　)、(　　)和(　　)。

6.质量成本核算方法包括(　　)和(　　)两种。

7.对最优质量成本的评价存在(　　)和(　　)两种观点。

8.企业质量绩效报告包括(　　)、(　　)和(　　)三种类型。

9.在21世纪,由于顾客的需求日新月异,企业产品的生命周期日益缩短,企业对成本产生的根源及其结果的考察必须超越(　　),拓展到整个产品的(　　)。

10.生命周期成本包括(　　)成本和(　　)成本。

二、判断题

1.质量意味着成本。(　　)

2.对企业而言,质量越高越好。(　　)

3.质量包括设计质量和符合性质量两个方面。(　　)

4.质量成本包括企业为保证或提高产品或服务质量所发生的费用。(　　)

5.从计量的角度看,质量成本可以分为显性成本与隐性成本两大类。(　　)

6.质量成本核算包括账外核算与账内核算两种方式。(　　)

7.现代观的最优质量水平为可接受的质量水平。也就是说,任何一项产品规格指标或质量特征都有上下限标准,不超过该范围就属于合格产品。(　　)

8.为了反映企业在质量管理方面所取得的进展及其成效,企业还需要编制质量绩效报告。(　　)

9.21世纪,企业面对顾客的需求日新月异,企业产品的生命周期日益缩短,对成本产生的根源及其结果的考察必须超越生产阶段,拓展到整个产品的生命周期。(　　)

10.产品生命周期成本意味着成本的观念从企业观念发展到社会观念。(　　)

三、问答题

1.何谓质量?何谓质量成本?质量是否越高越好?

2.简述质量成本的分类。

3.如何计量质量成本,尤其是隐性质量成本?

4.质量成本核算的任务如何?

5.简述质量成本核算方式的基本原理并简要评价之。

6.简述最优质量成本的传统观与最优质量成本的现代观。

7.简述全面质量管理的特点。

8.质量成本管理为何要考虑国际质量标准?

9.简述质量成本报告的意义。

10.如何理解产品生命周期成本体现了成本的企业观念向成本的社会观念转变?这种转变的意义何在?

四、计算题

1.某电器仪器公司主要生产迷你型和微型计算机风扇。为了改善其产品质量,收集了相关质量成本数据(单位:千元):

质量成本明细项目	金 额
生产线检查费用	55
培训费用	120
退货费用	100
保修费用	68
预防性设备维修	20
回收费用	157
设计工程	67
废弃产品	30
作业中断	40
产品检测设备	88
产品责任险	20
供应商评估	15
返工	35
到货原材料检测	25
因缺陷产品而发生的诉讼费用	240

要求:

为某电器仪器公司编制一份质量成本报告。

2.某汽车制造公司计划投资10亿元,以便提高一款新型车的质量,从而减少退货和维修费用。该公司一般每款新型车都会有1.5%的退货率,每辆车每次退货的成本为300元。该公司预计该新型车每次退货成本会比平时增加10%,其他保修费用每辆车从原来的200元降低到80元。如果没有质量改善计划,这种新型车预计销售量为40万辆。该公司相信广受称赞的质量改善计划将使这种新型车销售量增加到65万辆。假设每辆新型车的利润为5 000元。

要求：

该公司投资10亿元改善新型车的质量是否值得？

3.某计算机公司为了编制2019年的计划，而评估其2018年的质量成本。该公司2018年发生的质量成本如下：

预防成本	150 000元
鉴定成本	50 000元
内部故障成本	175 000元
外部故障成本	50 000元
质量成本总额	425 000元

要求：

(1)在计算机芯片生产设备上投资750 000元替换旧设备的决策可能直接影响哪个质量成本项目？

(2)如果通过多投入25 000元鉴定成本或者多投入40 000元预防成本可以使该公司2019年的外部故障成本减少60%(相对于2007年的水平)，为什么该公司会选择再投入40 000元的预防成本，而不是再投入25 000元的鉴定成本？

第17章 环境成本会计

本章要点

随着科学的发展,技术的不断进步并广泛运用于生产领域,市场竞争日益激烈与复杂化,企业可持续发展(sustainable development)问题越来越引人注目。政府、公民、投资者和商业活动越来越关注企业及其行为对环境的影响。企业如何以生态效益为核心,实现财务绩效与环境绩效的协调与统一,自然而然成为会计学的重要主题。环境成本会计就是这个重要的会计学主题之一。

由于人类对企业可持续发展观的重视,促进了企业经营目标从经济效益观念转向生态效益(eco-effective)观念,由此产生了基于可持续发展观的成本会计。

环境资源是人类社会共享的、构成人类生存和发展基础的各种资源。随着人类改造自然活动范围的不断拓展,改造程度的不断深化,人类社会也就随之而发展。人类改造自然的活动带来的直接后果之一,就是环境问题。

环境问题是由于自然生态平衡受到各种不同原因的破坏导致失衡,进而直接或间接影响人类生存与发展的一切客观存在的问题。这包括由自然力不可抗因素造成的原生环境问题如各种自然灾害,也包括由于人类活动所造成的次生环境问题如环境污染。本章在讨论环境问题时,通常指的是次生环境问题。

环境资源被无节制地占用、耗费而日渐趋向枯竭,生态环境恶化。同时,人类社会发展的各项活动都不可避免地要耗用资源,在一定程度上破坏了环境。"可持续发展"观点的提出,为解决这个问题开启了新的视角和思路。

联合国世界环境与发展委员会于1987年向第42届联合国大会提交了题为《我们共同的未来》的报告,对可持续发展作了如下定义:"在不对后代人满足其自身需求的能力构成危害的前提下满足当代人的需求的发展"。可持续

发展观认为,经济的发展与人类赖以生存的自然环境不可分离,在人类社会发展的历程中,只有尽可能提高人类活动的环境效益,消除或尽量减少对自然环境的破坏,经济的发展以至整个人类社会的生存和发展才有了坚实的基础。可持续发展观认识到保护环境资源与人类社会发展之间的辩证关系,强调环境在决策过程中的重要性,成为被普遍接受的资源管理战略;强调人类社会要实现全面和持久的进步,必须综合考虑经济问题、社会问题和生态环境问题。这种观念对企业发展战略的制定产生了根本性的影响。

环境的日益恶化使人类社会开始关注环境资源的保护问题。企业的各利益相关集团,包括政府管理机构、消费者、投资者、社会公众、社区、员工乃至供应商,从各自的利益出发,重视企业的环境保护绩效,要求企业遵守环境保护法规和公约,对企业经营活动提出了越来越高的环境保护要求,并需要了解企业的环境保护信息以便做出相应的评价和预测,这给企业带来了全方位的影响。资本市场、消费者及社会公众的积极参与,更促使企业意识到实现其经营目标与妥善处理好环境问题两者之间不是互斥关系。企业对待环境问题的态度,也从被动地遵守政策法规的服从导向逐步转为自发的市场导向,主动采取有益于环境保护的措施,积极改善环境保护绩效,同时有意识地自觉披露履行社会责任方面的信息。环境成本会计观念应运而生。

传统的经济发展模式,自然资源的保护没有得到应有的重视,企业经营目标追求利润最大化,利益相关者对企业的评价总体上以经济绩效为基础,没有延伸到环境绩效。环境问题的恶化、可持续发展观的提出使人类意识到企业的经营活动与自然生态系统是相互依存、相互影响的,单纯以经济价值指标(如利润、GDP)来衡量企业绩效显然不可取。追求生态效益成为基于可持续发展观的企业经营目标的新动向,在追求利益相关者利益的同时,综合考虑经济、环境和社会目标。

生态效益是世界可持续发展委员会(WBCSD)于 2002 年提出的一个全新概念。其含义为:企业在减少对环境的负面影响、降低资源消耗和成本支出的前提下,向顾客提供物美价廉的、可以满足需求的产品和服务。生态效益包括四大目标:(1)减少自然资源的耗费如对水资源、土地资源和原材料的耗用,同时也包括提高产品的耐用性,提高其可循环再用的可能性;(2)减少对环境的负面影响,尽可能减少污染物的排放,尽可能使用可再生的资源;(3)提高产品价值,即以较少的原料投入和能源耗费,提供能满足顾客需要的产品;(4)减少环境负债,要求企业对环境风险进行有效的管理。企业可以通过许多切实可行的措施实现生态效益的四大目标(如图 17-1 所示)。

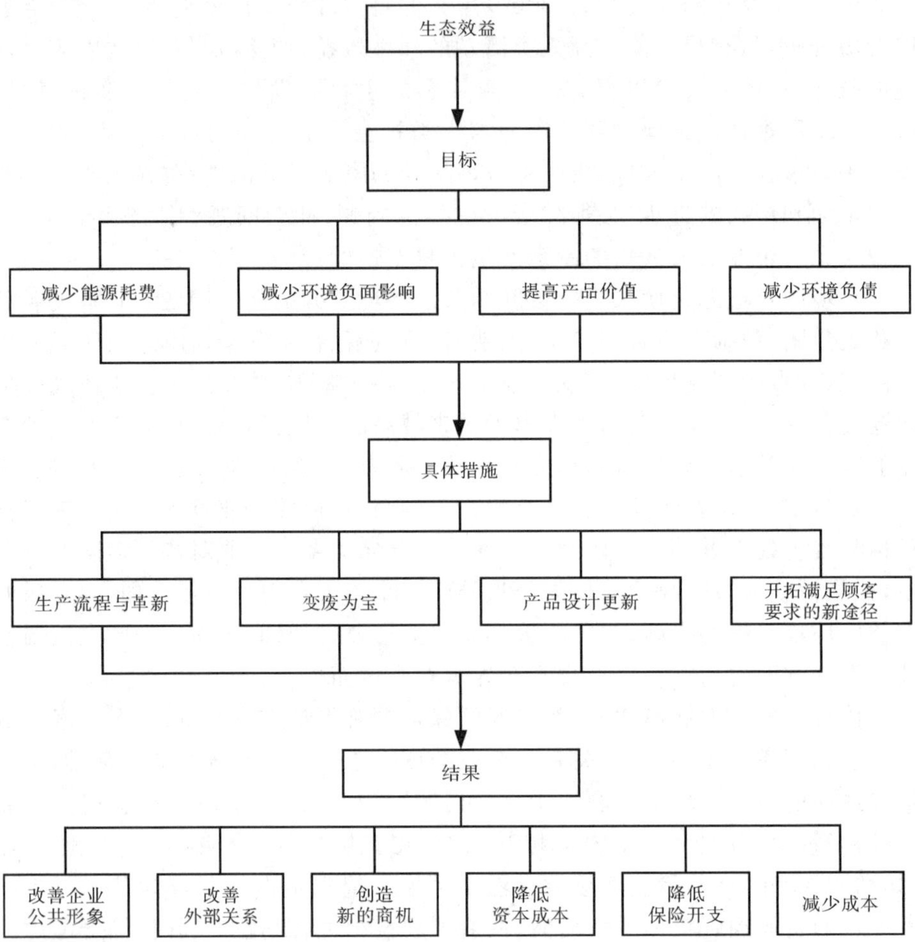

生态效益

目标

减少能源耗费 | 减少环境负面影响 | 提高产品价值 | 减少环境负债

具体措施

生产流程与革新 | 变废为宝 | 产品设计更新 | 开拓满足顾客要求的新途径

结果

改善企业公共形象 | 改善外部关系 | 创造新的商机 | 降低资本成本 | 降低保险开支 | 减少成本

图 17-1　生态效益目标及其实现途径

随着各利益相关者对企业环境信息的重视和需求的提高,企业自愿披露环境信息意识不断增强,社会各界日渐意识到需要对环境相关信息进行规范化的归集、确认和计量,保证信息质量,以便企业管理层可以合理地分析和有效地管理环境资源,避免出现严重的环境问题。由此环境管理会计(environmental management accounting,EMA)观念应运而生。

世界上不同的组织或机构对环境管理会计作出了不同的定义。国际会计师联合会(IFA)的定义是:“通过设计和实施适当的与环境相关的会计系统和管理,对环境绩效与经济绩效进行管理。”联合国 2002 年报告对环境管理会计

的定义是:“为满足组织内部进行传统和环境决策的需要,而对实物流信息(如材料、水和能源流量等等)、环境成本信息和其他货币信息进行的确认、收集、估计,编制和利用内部报告。”加拿大管理会计师协会的定义是:“对环境成本进行辨认、计量和分配,将环境成本融入企业的经营决策中,并在嗣后将有关信息传递给公司利益相关者的过程。”

由此可见,环境管理会计是在企业经营目标发生转变的前提下,向企业内部信息使用者提供面向未来的、与可持续发展相关的信息,以便企业管理层进行决策与管理,使企业的决策可以实现生态效益与经济效益的协调与统一,最终为实现企业的可持续发展服务。环境成本会计是环境管理会计的一个重要组成部分,它旨在确认、计量和报告企业的环境成本,为实现企业可持续发展提供相关的成本信息。

明确环境成本的定义与分类是把握环境成本的计量、控制与报告的前提。联合国国际会计和报告标准政府间专家工作组对环境成本作出了定义:“本着对环境负责的原则,为管理企业活动对环境造成的影响而被要求采取的措施的成本,以及因企业执行环境目标和要求所付出的其他成本。”而联合国“改进政府在推动环境管理会计中的作用”专家工作组对环境成本所作的定义是:“与破坏环境和保护环境有关的全部成本,包括外部成本和内部成本。”企业从其控制和管理经营成本的角度出发,对环境成本有不同的理解和定义。管理的目的不同,管理的范围不同,管理的对象不同,环境成本的定义也会有所区别。关键在于找到相关成本,分析其动因,以便进行有效的成本管理。

基于不同的决策内容与环境,环境成本的分类也会有所不同。按环境成本与环境质量的关系,环境成本可以分为环境问题预防成本、环境问题检测成本、环境内部失效成本和环境外部失效成本。美国环保局(US Environmental Protection Agency,EPA)则将环境成本分为传统成本、可能隐藏成本、或有成本、形象与关系成本。按投入与产出的关系,环境成本可以分为环境保全预防成本、环境保全成本、残余物发生成本和产品成本。

环境成本会计的主要目的就在于对环境成本信息进行辨别、分配和计量,为企业管理层的决策提供有用的信息。成本会计系统是企业管理层获取环境成本信息的主要渠道。但传统成本会计系统主要考虑内部环境成本,极少单独反映环境成本项目。通常的做法是将其归集到制造费用,使环境成本隐藏在其他成本费用项目之中。这就使企业管理层容易忽视了环境成本的影响,作出对环境影响不利的决策,从而加大了企业的环境风险,进而也对企业的总体经营活动及其未来可持续发展产生不利影响。可见,要为企业管理层的决策提供有用的环境成本信息,需要改进当前的成本会计系统对环境成本的处理方法。环境成本的确认与控制方法包括作业成本法、产品生命周期评价法和完全成本法。

企业经营活动影响着环境。企业管理层通过运用三种策略控制其经营活动对环境的影响,从而控制其环境成本:(1)修正策略。其基本含义是:“制造污染,再想方设法消除之。”(2)流程改善策略。其基本含义是:“改善流程,减少污染或采用无污染的流程。”(3)预防策略。其基本含义是:“要避免污染,首先不能制造污染。”

环境报告是提供量化环境信息的重要手段。除了环境成本,环境报告还可以提供环境效益方面的信息。这些信息包括:(1)当期增加的收入;(2)减少的成本;(3)当期减少的环境成本。

习 题

一、填空题

1.由于人类对企业可持续发展观的重视,促进了企业经营目标从（　　）观念转向（　　）观念。

2.按环境成本与环境质量的关系,环境成本可以分为（　　）、（　　）、（　　）和（　　）四大类。

3.环境成本的确认与控制方法包括（　　）、（　　）和（　　）。

4.企业控制环境成本的策略包括（　　）、（　　）和（　　）。

5.环境报告是提供量化环境信息的重要手段。除了环境成本,环境报告还可以提供（　　）方面的信息。

二、判断题

1.由于人类对企业可持续发展观的重视,促进了企业经营目标从经济效益观念转向生态效益观念。（　　）

2.美国环保局将环境成本分为环境问题预防成本、环境问题检测成本、环境内部失效成本和环境外部失效成本。（　　）

3.通常,环境成本的确认与控制方法包括作业成本法、产品生命周期评价法和完全成本法。（　　）

4.企业控制环境成本策略的“修正策略”。其基本含义是：“制造污染，再想方设法消除之。”(　　)

5.企业的环境报告实质上就是企业的环境绩效报告。(　　)

三、问答题

1.何谓可持续发展观？它对会计观念可能产生什么影响？

2.何谓生态效益观？企业经营目标为何从经济效益观转向生态效益观？

3.何谓环境管理会计？

4.何谓环境成本？如何分类？

5.如何从环境保护的角度划分产品生命周期？

6.企业如何控制环境成本？

7.如何编制环境报告？

8.如何评估企业的环境成本会计系统？

9.企业如何以生态效益为核心，实现财务绩效与环境绩效的协调与统一？

第18章 目标成本法

本章要点

成本是一种补偿价值。企业在生产经营过程中所发生的成本只有通过市场得到补偿,企业才能创造价值。

基于市场经济环境,企业已经成为市场的主体。企业的一切生产经营活动都要以市场为导向。市场决定着绝大多数企业的产品价格,企业的产品成本只有接受市场的检验,并且低于市场价格,成本所代表的效率才能转化为效益。企业为了创造价值,就必须以市场为导向,以市场价格确定产品成本。因此,企业应该以竞争性的市场价格为基础,根据企业的目标利润,确定产品应该达到的目标成本,以此主动、事先控制产品成本的水平。

根据上述分析,目标成本的计算公式为"单位产品目标成本=单位产品竞争性市场价格-单位产品目标利润"。由此可见,目标成本法是以市场为导向的成本会计思维。目标成本法以具有竞争性市场价格和企业的目标利润倒推出目标成本。这里的"目标利润"体现了企业的长远发展战略要求,而"竞争性市场价格"则体现了市场导向。市场价格的确定本身就是一个博弈的过程,它既是企业本身应该接受的价格,又是企业现有和潜在竞争对手都应该接受的价格。因此,以市场价格为导向实际上就是"知已知彼"的战略思想之体现。

总体而言,标准成本法还是企业行之有效的控制生产过程成本的重要工具。标准成本法所确定的标准成本本身也是一种目标成本。目标成本法所确定的"目标成本",如果企业能够达到,一旦付诸实施就成为企业生产过程的标准成本。因此,标准成本只是企业在某一特定的生产阶段应该达到的目标成本,标准成本法是目标成本法的必然延伸。但是,目标成本法与标准成本法不同。首先,二者最主要的区别在于目标成本法的市场导向特征。目标成本是通过竞争性市场价格推导出来的。这就保证了企业内部管理的成本计划过程与企业外部环境的市场信息相结合。标准成本法是提高企业生产过程效率的重要手段,但缺乏市场导向。目标成本法则在兼顾效率与效益的基础上,体现了现代成本会计的市场意识。其次,二者的层次不同。目标成本法是一种成本避免,它属于现代成本会计的第一层次,要求消除一切可以避免的成本发生,而标准成本法则是一种成本控制,它属于现代成本会计的第二层次。显然,现代成本会计的重点应该是成本避免,在这个基础上,对于不可避免、一定要发生的成本再实施有效的成本控制。

通常,企业实施目标成本法的基本步骤包括:(1)设计并生产满足顾客需求的产品;(2)根据顾客与竞争对手的情况以及企业的战略目标,确定单位产品竞争性市场价格和目标利润;(3)根据单位产品竞争性市场价格和目标利润确定单位产品目标成本;(4)借助价值工程实现目标成本的要求。

目标成本法的精髓在于以市场为导向,以市场竞争性价格和企业的发展战略确定应该达到的成本水平。这就决定了企业实施目标成本法必须具备一定的前提条件:(1)能够确定相对稳定的竞争性市场价格;(2)能够确定目标利润;(3)目标成本只是产品成本的总括数据;(4)转变管理思维。

其实,目标成本是技术与经济相互协调的结果,但是,目标成本只是对产品成本提出明确的目标要求。这些要求如何实现,还需要价值工程的配合。价值工程是以功能分析为核心,以合理的成本实现产品必要的功能,从而使产品价值最优化的一种有组织的活动。在这里,“功能”是指产品所担负的职能或所起的作用,它实际上就是产品的使用价值,相当于“质量”;“成本”并非一般的产品生产成本,而是指为实现产品的必要功能所发生的全部成本(相当于“产品生命周期成本”);这里的“价值”是指产品的功能与成本的比值。实际上,“价值”就是人们通常所说的产品的性价比。功能、成本和价值三者之间的关系,用公式表示就是“价值=功能/成本”。企业要实现价值工程的目标,只能从改善功能和降低成本两个方面动脑筋。价值工程就是围绕这两个方面而展开的。

基于市场经济环境,顾客只对需要的功能付钱。功能意味着成本!多余的功能将使成本提高,但又得不到补偿。通过产品的功能分析,企业就可以发现哪些功能是必要的,哪些功能是不必要的;哪些功能是过剩的,哪些功能不足,从而提出产品的改进方案。去掉不必要的功能,削减过剩的功能,补充不足的功能,使产品的功能更加合理,在满足产品必要功能的前提下,降低产品成本,提高产品的竞争力。

在产品设计阶段,设计师、工程师与成本会计师必须认真考虑产品设计方案对成本的影响。这就要求负责产品设计的设计师和工程师必须树立价值工程的观念,具有成本意识;同时,也要求成本会计师不能只管事后算账,要关心产品的设计方案,主动参与产品设计并对产品的设计师和工程师提出要求,要求其设计出来的产品既符合技术要求又符合经济要求,实现技术与经济的统一。有时,即使产品设计方案从技术上看已经成功了,但是,由于达不到经济要求,也不能投产,还要改进产品设计方案,甚至放弃,另起炉灶。如此反复,使企业产品设计方案不断改进,日趋完美。只有设计方案的节约才是最大的节约,设计方案所造成的浪费难以通过后续的生产过程来弥补。

价值工程与目标成本法相结合,构建了"目标成本、设计成本、标准成本、实际成本"四位一体的前馈控制与反馈控制相结合的事前、事中和事后和谐统一的成本会计新思维。

习　题

一、填空题

1.目标成本法不仅使现代成本会计具备(　　),而且使现代成本会计具有(　　)。

2.单位产品目标成本=(　　)-(　　)。

3.目标成本法是以(　　)为导向的成本会计思维。

4.价值工程是以(　　)为核心。

5.价值工程强调以合理的(　　)实现产品必要的功能。

二、判断题

1.计算公式"单位产品市场价格=单位产品成本+目标利润"与计算公式"单位产品成本=单位产品市场价格-目标利润"没有差别。(　　)

2.标准成本法所确定的标准成本本身也是一种目标成本。(　　)

3.目标成本法的精髓在于以市场为导向,以市场竞争性价格和企业的发展战略确定应该达到的成本水平。(　　)

4.价值工程强调产品结构的分析。(　　)

5.成本会计师必须认真考虑产品设计方案对成本的影响。

三、思考题

1.简述目标成本法的基本原理。
2.简述实施目标成本法的基本步骤。
3.简述实施目标成本法需要的基础条件。
4.简述价值工程的基本原理。
5.简述目标成本法与价值工程之间的关系。
6.若有竞争,成本信息何为?若无竞争,成本信息又何为?

习题参考答案

第一章　总论

一、判断题

1.√	2.×	3.√	4.×	5.√
6.×	7.√	8.×	9.√	10.√

二、选择题

1.B	2.B	3.ABCD	4.ABC	5.D
6.A	7.B	8.BCD	9.ACD	10.ABD

三、问答题

1.成本是企业在生产过程中,为了生产产品而耗费的物化劳动和活劳动的总和,它是一种补偿价值。费用则是指企业为了销售商品、提供劳务等日常活动所发生的经济利益的流出。产品成本是费用的对象化,具有明确的承担客体。期间费用与特定的产品没有关系。期间费用包括营业费用、管理费用和财务费用,它们在发生当期一次转入当期损益。无论是成本还是费用都是企业生产经营过程中所发生的耗费,可以统称为生产经营费用。下图描述了成本与费用的关系。

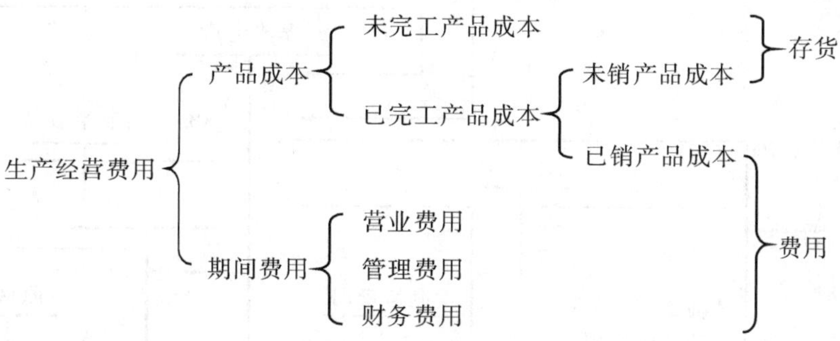

2.一方面,企业借助于劳动资料对劳动对象进行加工,制造出能够满足社会需要的某种或多种产品。这些产品都具有价值;另一方面,又必然会发生各种材料费用、人工费用、固定资产折旧费用、修理费用以及其他费用等。这些费用的发生是产品成本形成的前提。

3.为了正确地计算产品成本,合理地归集有关期间费用,企业必须:第一,划分收益性支出与资本性支出、营业外支出的界限;第二,划分生产费用与期间费用的界限;第三,划分各个会计期间的费用界限;第四,划分各种产品的费用界限;第五,划分本期完工产品与期末在产品的费用界限。

4.为了规范企业的成本核算工作,确保成本信息质量,提高成本核算工作效率,企业必须完善成本核算的各项基础工作。这包括:第一,建立和健全企业的各项定额管理制度;第二,建立和健全存货的计量、收发、领退和盘点制度;第三,建立和健全企业有关成本核算的原始记录和凭证制度;第四,完善企业的内部结算制度,合理确定内部结算价格。

5.总体上说,企业产品成本核算的基本程序包括:设置产品成本计算单、审核生产费用原始凭证并进行要素费用的分配、按照受益原则分配各种跨期摊提费用、在各成本计算对象之间分配当期发生的各种生产费用、计算本期完工产品成本总额和单位成本。下图描述了企业成本核算程序。

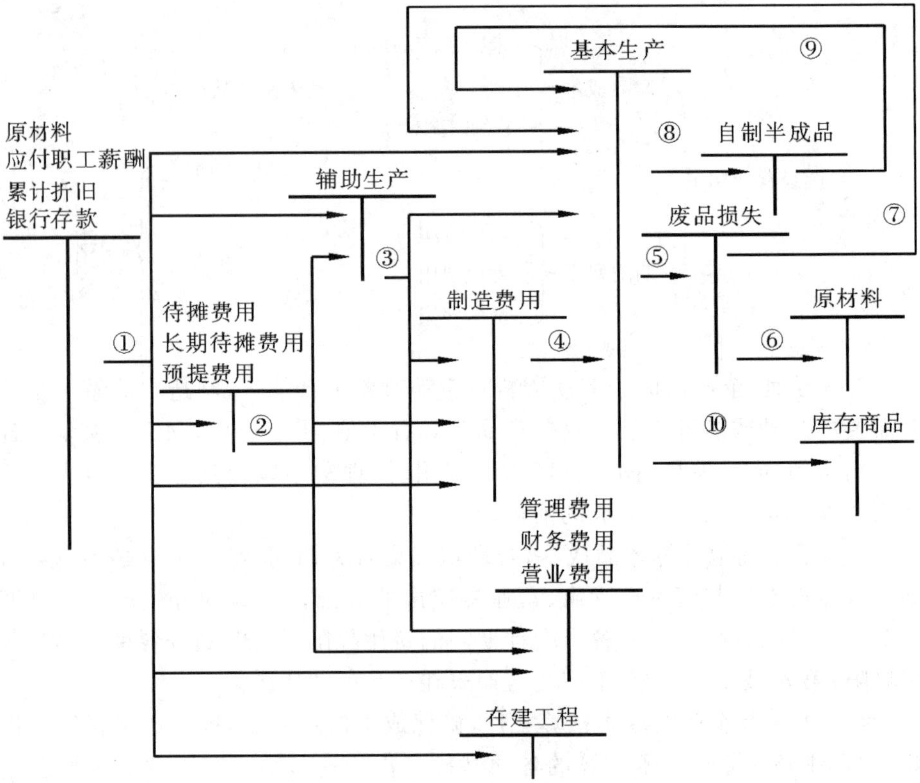

从该图可以看到,在企业成本核算基本要求中,要求划分五个方面的界限实际上已经体现在企业成本核算的基本程序中。

6.企业生产费用既可以按其经济内容或性质分为若干要素费用,也可以按其经济用途分为若干成本项目。

生产费用按其经济内容或性质不同进行分类的项目,称为生产费用要素(或称要素费用)。生产费用要素包括:(1)外购材料;(2)外购燃料;(3)外购动力;(4)工资;(5)职工福利费;(6)折旧费;(7)利息支出;(8)其他费用。

应计入产品成本的生产费用,按其经济用途不同进行分类的项目,称为产品成本项目。产品成本项目包括:(1)原材料;(2)燃料及动力;(3)工资及福利费;(4)废品损失;(5)停工损失;(6)制造费用。

第二章　成本费用的归集与分配(上)

一、填空题

1.直接费用　间接费用　分配
2.材料定额耗用量或定额费用　主要材料的耗用量或费用
3.计划成本　材料成本差异　实际成本
4.后进先出法　移动加权平均法　个别计价法
5.材料采购实际成本　验收入库材料成本　在途材料成本
6.密切相关
7.发生地点和用途
8.14%
9.一次摊销法　分次摊销法　五五摊销法
10.费用的交互分配

二、判断题

1.×	2.×	3.√	4.√	5.√
6.×	7.√	8.×	9.×	10.√
11.×	12.×	13.√	14.√	15.√

三、单项选择题

1.C	2.A	3.D	4.D	5.D
6.A	7.B	8.B	9.C	10.B
11.C	12.D	13.B	14.C	15.A
16.C	17.A	18.D	19.C	20.B

四、多项选择题

1.ABCDE	2.ABCDE	3.ABCE	4.ABE	5.ABCDE
6.ABCD	7.ABCD	8.ACE	9.ABD	10.BCE

五、问答题

1.对于几种产品共同耗用的各种材料费用,应选择适当的标准、采用一定的分配方法分配计入各种产品成本。

(1)分配标准。常用的分配标准包括产品重量、产品体积、产品产量、材料定额耗用量或定额费用、主要材料的耗用量或费用等。

(2)分配标准力求合理而简便。所谓合理,是指所采用的分配标准与所分配的费用密切相关。

如果难以确定适当的分配方法,或者作为分配标准的资料不易取得,而原料或主要材料的消耗定额比较准确,原料和主要材料费用也可以与辅助材料费用一样,按照材料的定额消耗量或定额费用比例分配。

2.按照国家统计局规定,工资总额由下列六个部分组成:(1)计时工资;(2)计件工资;(3)奖金;(4)津贴和补贴;(5)加班加点工资;(6)特殊情况下支付的工资(这又包括:①根据国家法律、法规和政策规定在某些非工作时间内支付的工资,如病、伤、产假工资等;②附加工资和保留工资)。如果企业是股份有限公司且实施以股份为基础的薪酬制度,工资总额还应该包括以股份为基础的薪酬。

企业在工资费用核算时必须注意以下两个方面的问题:(1)划清工资总额组成与非工资总额组成的界限。(2)工资总额的组成内容与计入产品成本及经营管理费用的工资费用是有所区别的,即企业的工资总额并非全部计入产品成本及经营管理费用。

3.企业除了按照"按劳分配"原则支付每个职工工资以外,还应按照国家规定对职工进行福利补助。为此,企业还应按照职工工资总额的规定比例(现行规定为14%)计算、提取应付福利费。

按各类人员工资额提取的职工福利费的分配,除福利部门工作人员计提的职工福利费外,与工资费用的分配原则相同,即工资费用记入什么账户,提取职工福利费也列入什么账户。对于按福利部门工作人员工资额计提的职工福利费,记入"管理费用"账户借方和"应付职工薪酬"账户的贷方。

4.低值易耗品摊销计入产品成本或费用有三种处理方式:(1)作为直接费用记入产品成本明细账;(2)按发生地点计入综合费用,然后通过综合费用分配计入账户;(3)领用低值易耗品时,先记入"待摊费用"或"长期待摊费用"账户,分期摊入有关成本费用时,再从"待摊费用"或"长期待摊费用"账户转入"制造费用"、"管理费用"等账户。

低值易耗品的摊销的方法包括一次摊销法、分期摊销法和"五五"摊销法。

5.为了正确计算各个会计期间的损益,必须根据权责发生制和配比原则(受益的原则)严格划分费用的归属期,为此,企业必须设置跨期摊提账户。跨期摊提账户是用来反映和监督应由若干个相连接的会计期间共同负担的费用,并将这些费用在各个会计期间进行分摊或预提的账户。

6.辅助生产费用的分配,应通过辅助生产费用分配表进行。分配辅助生产费用的方法很多,主要包括直接分配法、交互分配法、代数分配法和按计划成本分配法等四种方法。

直接分配法是一种不考虑辅助生产部门之间的交互服务,简单地将辅助生产各部门的实际成本在辅助生产部门以外的各受益单位之间进行分配的方法。该方法的特点是辅助生产车间之间既不转入也不转出。

交互分配法将辅助生产费用的分配分两次进行。第一次只在各相关辅助生产部门之间交互分配费用;第二次将辅助生产部门的实际费用采用直接分配法分配给辅助生产部门以外的其他各受益部门。辅助生产部门的实际费用等于辅助生产部门分配前的费用,加上从其他辅助生产部门分配来的费用,减去分配出去的费用。采用这种分配方法,辅助生产车间内部相互提供劳务进行了交互分配,因而提高了分配结果的合理性,但是,由于各种辅助生产费用都要计算两个费用分配率,进行两次分配,因而,计算工作又有所增加。

采用按计划成本分配法,其分配程序分两步。第一步,按劳务的计划单位成本分配辅助生产车间为各受益单位(包括其他辅助生产车间、部门在内)提供的劳务费用;第二步,计算辅助生产车间实际发生的费用(包括辅助生产内部交互分配转入的费用在内)与按计划单位成本分配转出的费用的差额,即辅助生产的成本差异。采用计划成本分配法进行辅助生产费用的分配,程序比较简便。这种分配方法,在辅助生产车间的劳务或产品单位实际成本比较稳定的情况下使用比较合适。

代数分配法是根据初等代数解多元一次联立方程的原理,先算出各辅助生产车间劳务的单位成本,然后以该单位成本和各受益单位(包括辅助生产车间)耗用的数量计算分配辅助生产费用的一种方法。这种分配方法相对较为精确,适用于辅助生产车间较少的企业。

六、计算题

1.

(1)

按定额消耗量分配

$$材料消耗量分配率=\frac{材料实际消耗量}{各产品材料消耗定额之和}=\frac{105\ 600}{18\ 000+12\ 000}=3.52$$

甲产品应分配的材料数量＝18 000×3.52＝63 360(元)

乙种产品应分配的材料费用＝12 000×3.52＝42 240(元)

按产品重量分配

材料消耗量分配率$=\dfrac{105\ 600}{15\ 000+10\ 000}=4.224$

甲产品应分配的材料数量＝15 000×4.224＝63 360(元)

乙种产品应分配的材料费用＝10 000×4.224＝42 240(元)

(2)

材料费用分配表

单位:元

应借记账户	直接计入金额	分配计入金额		材料费用合计
		消耗定额	分配金额	
基本生产——A 产品	62 710	18 000	63 360	126 070
基本生产——B 产品	47 840	12 000	42 240	90 080
小　　计	110 550		105 600	216 150
制造费用——基本生产	6 280			
辅助生产——供电车间	7 220			
——供气车间	5 640			
营业费用	2 050			
管理费用	2 460			
	134 200		105 600	239 800

根据上表,编制如下会计分录:

借:基本生产——A 产品　126 070
　基本生产——B 产品　90 080
　制造费用——基本生产　6 280
　辅助生产——供电车间　7 220
　　　——供气车间　5 640
　　营业费用　2 050
　　管理费用　2 640
　贷:原材料——A 材料　121 340
　　原材料——B 材料　12 860
　　原材料——C 材料　105 600

2.

基本生产车间产品应负担的电费＝30 000×0.6＝18 000(元)

其中：甲、乙产品应负担的电费分配率＝$\frac{18\ 000}{36\ 000+24\ 000}$＝0.3 元/工时

甲产品应负担的电费＝36 000×0.3 元/工时＝10 800(元)

乙产品应负担的电费＝24 000×0.3 元/工时＝7 200(元)

基本生产车间制造费用应负担的电费＝5 000×0.6＝3 000(元)

管理费用应负担的电费＝7 000×0.6＝4 200(元)

编制会计分录如下：

借：基本生产——甲产品	10 800	
基本生产——乙产品	7 200	
制造费用——基本生产	3 000	
管理费用	4 200	
贷：应付账款——××供电公司		25 200

3.

(1)交互分配法

第一次分配：

维修费用分配率＝$\frac{100\ 800}{12\ 000}$＝8.4 元/工时

供电车间应负担的维修费＝2 500×8.4 元/工时＝21 000(元)

借：辅助生产——供电车间	21 000	
贷：辅助生产——维修车间		21 000

电费分配率＝$\frac{60\ 000}{100\ 000}$＝0.6 元/度

维修车间应负担的维修费＝30 000×0.6 元/度＝18 000(元)

借：辅助生产——维修车间	18 000	
贷：辅助生产——供电车间		18 000

第二次分配：

维修费用分配率＝$\frac{100\ 800+18\ 000-21\ 000}{12\ 000-2\ 500}$＝10.2947 元/工时

基本生产车间负担的维修费＝7 000×10.2947 元/工时＝72 063(元)

行政管理部门负担的维修费＝1 000×10.2947 元/工时＝10 295(元)

销售部门负担的维修费＝1 500×10.2947 元/工时＝15 442(元)

借:制造费用——基本生产　　72 063
　管理费用　　10 295
　营业费用　　15 442
　贷:辅助生产——维修车间　　97 800

电费分配率$=\frac{60\ 000-18\ 000+21\ 000}{100\ 000-30\ 000}=0.9$ 元/度

基本生产车间负担的维修费=55 000×0.9 元/度=49 500(元)

行政管理部门负担的维修费=8 000×0.9 元/度=7 200(元)

销售部门负担的维修费=7 000×0.9 元/度=6 300(元)

借:制造费用——基本生产　　49 500
　管理费用　　7 200
　营业费用　　6 300
　贷:辅助生产——供电车间　　63 000

(2)直接分配法

维修费用分配率$=\frac{100\ 800}{12\ 000-2\ 500}=10.6105$ 元/工时

基本生产车间负担的维修费=7 000×10.6105 元/工时=74 274(元)

行政管理部门负担的维修费=1 000×10.6105 元/工时=10 611(元)

销售部门负担的维修费=1 500×10.6105 元/工时=15 915(元)(尾数调整)

借:制造费用——基本生产　　74 272
　管理费用　　10 611
　营业费用　　15 915
　贷:辅助生产——维修车间　　100 800

电费分配率$=\frac{60\ 000}{100\ 000-30\ 000}=0.8571$ 元/度

基本生产车间负担的维修费=55 000×0.8571 元/度=47 142(元)(尾数调整)

行政管理部门负担的维修费=8 000×0.8571 元/度=6 858(元)(尾数调整)

销售部门负担的维修费=7 000×0.8571 元/度=6 000(元)

借:制造费用——基本生产　　47 142
　管理费用　　6 858
　营业费用　　6 000
　贷:辅助生产——供电车间　　60 000

(3)计划成本分配法

基本生产车间负担的维修费＝7 000×11 元/工时＝77 000(元)

行政管理部门负担的维修费＝1 000×11 元/工时＝11 000(元)

辅助生产成本部门供电车间负担的维修费＝2 500×11 元/工时＝27 500(元)

销售部门负担的维修费＝1 500×11 元/工时＝16 500(元)

借:制造费用——基本生产　　77 000

　辅助生产成本——供电车间　　27 500

　管理费用　　11 000

　营业费用　　16 500

　贷:辅助生产——维修车间　　132 000

基本生产车间负担的电费＝55 000×0.8 元/度＝44 000(元)

辅助生产成本部门维修车间负担的电费＝30 000×0.8 元/度＝24 000(元)

行政管理部门负担的电费＝8 000×0.8 元/度＝6 400(元)

销售部门负担的电费＝7 000×0.8 元/度＝5 600(元)

借:制造费用——基本生产　　44 000

　辅助生产——维修车间　　24 000

　管理费用　　6 400

　营业费用　　5 600

　贷:辅助生产——供电车间　　80 000

调整差异

维修费差异＝100 800＋24 000－132 000＝－7 200(元)

电费差异＝60 000＋27 500－80 000＝7 500(元)

借:辅助生产——维修车间　　7 200

　管理费用　　300

　贷:辅助生产——供电车间　　7 500

(4)代数分配法

设维修费用单价为 X,电费单价为 Y,则:

$$\begin{cases}100\ 800+30\ 000Y=12\ 000X\\60\ 000+2\ 500X=100\ 000Y\end{cases}$$

解此方程,得:

X＝10.56

Y＝0.864

基本生产车间负担的维修费＝7 000×10.56 元/工时＝73 920(元)

行政管理部门负担的维修费＝1 000×10.56 元/工时＝10 560(元)

辅助生产成本部门供电车间负担的维修费＝2 500×10.56 元/工时＝26 400(元)

销售部门负担的维修费＝1 500×10.56 元/工时＝15 840(元)

借:制造费用——基本生产　　73 920

　辅助生产——供电车间　　26 400

　管理费用　　10 560

　营业费用　　15 840

　贷:辅助生产——维修车间　　126 720

基本生产车间负担的电费＝55 000×0.864 元/度＝47 520(元)

辅助生产成本部门维修车间负担的电费＝30 000×0.864 元/度＝25 920(元)

行政管理部门负担的电费＝8 000×0.864 元/度＝6 912(元)

销售部门负担的电费＝7 000×0.864 元/度＝6 048(元)

借:制造费用——基本生产　　475 202

　辅助生产——维修车间　　259 202

　管理费用　　69 122

　营业费用　　6 048

　贷:辅助生产——供电车间　　86 400

第三章　成本费用的归集与分配(下)

一、填空题

1.产品制造定额、车间、部门、费用项目、年、季、月

2.基本生产成本、辅助生产成本、制造费用

3.综合

4.工时定额

5.生产工时

6.管理费用

7.基本生产车间发生的费用

8.完工程度、完工产品

9.较多、较大、直接材料

10.生产费用累计数

二、判断题

1.√	2.×	3.×	4.×	5.√
6.×	7.√	8.√	9.×	10.×
11.√	12.×	13.×	14.√	15.√

三、单项选择题

1.D	2.D	3.C	4.A	5.C
6.C	7.A	8.B	9.B	10.B
11.A	12.C	13.D	14.D	15.B
16.B	17.D	18.A	19.C	20.C

四、多项选择题

1.ACDE	2.BE	3.AC	4.AE	5.BCD
6.ABCDE	7.ABCD	8.AB	9.BDE	10.ADE

五、问答题

1.因为季节性生产企业每月发生的制造费用相差不多,但生产淡季和旺季的产量却相差悬殊,如果按照实际费用分配,各月单位产品成本的制造费用将随之忽高忽低,而这不是由于车间工作本身引起的,因而不利于企业的成本分析工作。此外,这种分配方法还可以按旬或按日提供产品成本预测所需要的产品应分配的制造费用资料,有利于产品成本的日常控制。因此,计划年度分配率分配法分配制造费用特别适用于季节性生产企业。

2.可修复废品是指经过修理可以使用,而且所花费的修复费用在经济上合算的废品。可修复废品损失包括修复费用、过失单位或个人的赔偿。可修复废品损失是用可修复废品的修复费用,应由过失单位或个人赔款以后的损失。

3.广义的在产品是指没有完成全部生产过程、不能作为商品销售的产品,包括正在车间加工的在产品(正在返修的废品也在内)和已经完成一个或几个生产步骤但还需继续加工的半成品(未经验收入库的产品和等待返修的废品也包括在内)两部分。

狭义的在产品是只包括其所在车间或生产步骤正在加工的那部分在产

品,车间或生产步骤完工的半成品不包括在内。

4.约当产量法是指将月末在产品数量按照其完工程度折算为相当于完工产品的产量,即约当产量,然后,按照完工产品产量(也是完工程度为100%的约当产量)与月末在产品约当产量的比例分配计算完工产品费用与月末在产品费用。

第一步,计算约当产量,用以分配直接材料费用的在产品约当产量按投料程度计算;用以分配其他费用(如加工费用)的在产品约当产量按加工程度计算。

第二步,按照完工产品产量(也是完工程度为100%的约当产量)与月末在产品约当产量的比例分配计算完工产品费用与月末在产品费用。

5.用定额成本计价,应首先根据月末在产品数量与单位材料消耗定额、工时定额和单位工时的工资定额计算出月末在产品成本,再用生产费用总计减去在产品的定额成本即为完工产品的成本。当月脱离定额的差异全部由完工产品成本负担。

六、计算题

1.

基本生产车间制造费用分配如下:

$$制造费用分配率=\frac{3\ 600}{12\ 000+8\ 000}=0.18$$

甲产品应分配的制造费用=12 000×0.18=2 160(元)

乙产品应分配的制造费用=8 000×0.18=1 440(元)

根据制造费用分配情况,作如下会计分录:

借:基本生产——甲产品　　2 160
　　基本生产——乙产品　　1 440
　贷:制造费用——基本生产车间　　3 600

2.

基本生产车间制造费用分配如下:

$$制造费用分配率=\frac{5\ 000}{200\times80+300\times30}=0.2$$

甲产品应负担的制造费用=200×800×0.2=3 200(元)

乙产品应负担的制造费用=300×30×0.2=1 800(元)

根据制造费用分配情况,作如下会计分录:

借:基本生产——甲产品　　3 200
　基本生产——乙产品　　1 800
　辅助生产　　2 400
　贷:制造费用——基本生产车间　　3 600
　　制造费用——辅助生产车间　　2 400

3.

编制的不可修复废品报废损失计算表如下表所示。

项　　目	直接材料	定额工时	直接工资	制造费用	合　计
单件、小时费用定额	50		1.2	1.4	—
废品定额成本	200	100	120	140	460
减:残值	15				15
废品损失	185		120	140	445

4.

月末在产品应负担的制造费用为:600×50%×4×3=3 600(元)

完工产品应负担的制造费用为:(3 000+5 000)-3 600=4 400(元)

5.

(1)各道工序在产品的完工程度

第一道工序在产品的完工程度$=\frac{8\times50\%}{20}\times100\%=20\%$

第二道工序在产品的完工程度$=\frac{8+6\times50\%}{20}\times100\%=55\%$

第三道工序在产品的完工程度$=\frac{8+6+6\times50\%}{20}\times100\%=85\%$

(2)各道工序在产品的投料程度

第一道工序在产品的投料程度$=\frac{20}{100}\times100\%=60\%$

第二道工序在产品的投料程度$=\frac{60+30}{100}\times100\%=90\%$

第三道工序在产品的投料程度$=\frac{60+30+10}{100}\times100\%=100\%$

(3)月末在产品的约当产量

直接材料费项目在产品约当产量=150×60%+100×90%+50×100%=230(件)

$$\text{其他费用项目在产品约当产量}=150\times20\%+100\times55\%+50\times85\%=127.5(\text{件})$$

(4)在产品成本和月末在产品成本

$$\text{直接材料分配率}=\frac{71\ 050+8\ 000}{700+230}=85$$

$$\text{直接人工费分配率}=\frac{12\ 550+4\ 000}{700+127.5}=20$$

$$\text{燃料及动力分配率}=\frac{7\ 275+1\ 000}{700+127.5}=10$$

$$\text{制造费用分配率}=\frac{7\ 930+2\ 000}{700+127.5}=12$$

完工产品成本=7 000×85+700×20+700×10+700×12=88 900(元)

月末在产品成本=230×85+127.5×20+127.5×10+127.5×12
=24 905(元)

6.

$$\text{原材料费用分配率}=\frac{1\ 200+2\ 000}{420+280}=20$$

完工产品原材料费用=420×20=8 400(元)

月末在产品原材料费用=280×20=5 600(元)

该种完工产品成本=8 400+2 500+3 500=14 400(元)

第四章　产品成本计算方法概述

一、填空题

1.生产经营特点　管理要求

2.简单生产　复杂生产

3.单件生产　成批生产　大量生产

4.连续式生产　装配式生产

5.成本核算对象

6.品种法　分批法　分步法

7.分类法　定额法　标准成本法　作业成本法

二、判断题

1.√ 2.√ 3.× 4.√ 5.√
6.× 7.√ 8.√ 9.√

三、选择题

1.A 2.C 3.A 4.A 5.B
6.ABC 7.BC 8.BC 9.ABC 10.AB

四、问答题

1.企业生产按生产过程的技术特点可以分为简单生产和复杂生产。简单生产是指在生产技术上不可间断的生产,也称为单步骤生产。例如发电等就属于简单生产,在生产技术上不可间断,生产工艺过程不可能也不必要划分为几个生产步骤,因而,一般也就不可能或不必要按照生产的步骤计算产品成本,只能按照产品的品种计算成本。复杂生产是指在生产技术上可间断的生产,也称为多步骤生产。多步骤生产又可以分为连续式生产和装配式生产。例如,机械制造、炼钢生产等就属于复杂生产,由于在生产技术上可间断,生产工艺过程由若干个可间断的、分散于不同地点进行的生产步骤所组成,为了加强各个生产步骤的生产管理,计算各个生产步骤的成本,往往不仅要求按照产品的品种或批别计算成本,而且还要求按照生产的有关步骤计算成本。当然,如果企业的生产规模比较小,管理上又不要求按生产步骤考核生产耗费、计算产品成本,也可以不按生产步骤计算成本,而可以按品种或批别计算成本。可见,企业生产技术特点也会影响成本计算对象。

2.企业生产按生产组织特点可以分为单件生产、成批生产和大量生产。单件生产是指按购货单位的订货要求,生产特殊规格的产品。其特点是生产的品种多、数量少,很少进行重复生产,如造船厂。成批生产是指按“批别”、“批号”在一定时期内重复地轮换生产多种产品,每次生产的一种或几种产品都不是一件而是成批生产。其特点是生产的品种多、按批投入、定期重复。成批生产又可以按照生产批量的大小分为大批生产和小批生产两种类型。大量生产是指不断重复生产同样品种产品的生产,其特点是品种少,比较稳定,不断重复。

大量生产(如化肥的生产)要求连续不断地重复生产一种或若干种产品,

因而,管理上只要求,而且也只能够按照产品的品种计算成本;大批生产,由于产品批量大,通常在几个月内不断重复地生产一种或若干种产品,与大量生产一样,也只能按产品品种计算成本;小批生产(如服装的生产),其生产的产品批量小,同一批产品通常可以同时完工,因而,有可能按照产品的批别进行费用的归集,计算各批产品的成本。单件生产(如造船厂),也可以说是小批生产,因而,按件别计算成本,也就是按批别计算产品成本。可见,不同的生产组织特点,其成本计算对象也有所不同。

3.成本计算的基本方法包括:(1)以产品的品种为成本计算对象的品种法;(2)以产品的批别为成本计算对象的分批法;(3)以产品的生产步骤为成本计算对象的分步法。成本计算方法的适用性如下表所示。

各种产品成本计算方法的适用范围

产品成本计算的基本方法	适用范围		成本计算对象
	在企业生产组织方面	在企业生产工艺过程和管理要求方面	
品种法	大量大批生产	简单生产; 管理上不要求分步骤计算成本的多步骤生产	产品品种
分批法	小批单件生产	简单生产; 管理上不要求分步骤计算成本的多步骤生产	产品生产批别或定单
分步法	大量大批生产	管理上要求分步骤计算成本的多步骤生产	各产品的生产步骤

成本计算的其他方法包括:(1)分类法;(2)定额法;(3)标准成本法;(4)作业成本法。

第五章　品种法

一、填空题

1.产品品种

2.直接计入费用、明细账

3.单一法、简单法、简化的品种法
4.产品品种
5.大量大批单步骤生产的企业

二、判断题

1.× 2.× 3.√ 4.√

三、单项选择题

1.B 2.A 3.A

四、多项选择题

1.ABD 2.ADE 3.AD 4.ACE

五、问答题

1.品种法是按照产品品种计算产品成本的一种方法。它的特点是既不要求按照产品批别计算成本,也不要求按照生产步骤计算成本,而只要求按照产品的品种计算成本。品种法适用于大量大批的单步骤生产和在大量大批多步骤生产下,管理上不要求按照生产步骤计算产品成本的企业。此外,辅助生产的供水、供电、供气等单步骤的大量生产,也采用品种法计算成本。

2.品种法成本计算程序包括:(1)对生产经营费用进行审核和控制,确定费用应不应开支,开支的费用应不应计入产品成本。(2)将应计入本月产品成本的各种要素费用,在各种产品之间按照成本项目进行横向分配和归集,算出各种产品成本。(3)对于既有完工产品又有在产品的产品,将月初在产品生产费用与本月生产费用之和,在完工产品与月末在产品之间进行纵向分配和归集,算出该种完工产品成本。

六、计算题

1.

甲产品总成本=15 000+1 000+3 500+1 700=21 200(元)

甲产品单位成本=21 200÷100=212(元)

2.

材料费用分配表

2018 年 7 月　　　　单位:元

产　品	直接材料	分配率	分配共同用料	材料费用合计
甲产品	200 000		40 000	240 000
乙产品	100 000		20 000	120 000
合　计	300 000	0.2	60 000	360 000

(1)编制会计分录如下

借:基本生产——甲产品　　240 000
　基本生产——乙产品　　120 000
　辅助生产——供电车间　　12 000
　辅助生产——锅炉车间　　5 000
　制造费用　　4 000
　管理费用　　6 000
　贷:原材料　　387 000

直接人工费用分配表

2018 年 7 月　　　　单位:元

产　品	生产工时	工资分配		福利费分配	
		分配率	分配金额	分配率	分配金额
甲产品	40 500		145 800		20 412
乙产品	27 000		97 200		13 608
合　计	67 500	3.6	243 000	50.4%	34 020

(2)编制会计分录如下

借:基本生产——甲产品　　145 800
　基本生产——乙产品　　97 200
　辅助生产——供电车间　　6 000
　辅助生产——锅炉车间　　10 000
　制造费用　　8 000
　管理费用　　20 000
　贷:应付职工薪酬　　287 000

借:基本生产——甲产品 20 412
　基本生产——乙产品 13 608
　辅助生产——供电车间 840
　辅助生产——锅炉车间 1 400
　制造费用 1 120
　管理费用 2 800
　贷:应付职工薪酬 40 180

(3)编制会计分录如下

借:基本生产——供电车间 3 000
　基本生产——锅炉车间 2 000
　制造费用 30 000
　管理费用 8 000
　贷:累计折旧 43 000

(4)编制会计分录如下

借:基本生产——供电车间 200
　基本生产——锅炉车间 300
　制造费用 2 000
　管理费用 1 000
　贷:待摊费用 3 500

(5)编制会计分录如下

借:基本生产——供电车间 560
　基本生产——锅炉车间 200
　制造费用 1 090
　管理费用 3 000
　贷:现金 4 850

(6)编制会计分录如下

借:基本生产——供电车间 5 000
　基本生产——锅炉车间 3 500
　制造费用 1 500
　管理费用 4 000
　贷:银行存款 14 000

辅助生产费用分配表(直接分配法)

2018 年 7 月　　　　单位:元

项　　目	供电车间		锅炉车间		费用合计
	电量(度)	金额	蒸气(立方米)	金额	
待分配费用		27 600		22 400	50 000
劳务供应量	60 000		10 000		
分配率		0.46		2.24	
分配金额:					
甲产品	24 000	11 040			11 040
乙产品	16 000	7 360			7 360
基本生产车间一般耗用	8 000	3 680	9 000	20 160	23 840
管理部门耗用	12 000	5 520	1 000	2 240	7 760
合　计		27 600		22 400	50 000

(7)编制会计分录如下

借:基本生产——甲产品　　11 040
　基本生产——乙产品　　7 360
　制造费用　　23 840
　管理费用　　7 760
　贷:辅助生产——供电车间　　27 600
　　辅助生产——锅炉车间　　22 400

制造费用分配表

2018 年 7 月　　　　单位:元

产　　品	生产工时	分配率	分配金额
甲产品	40 500	1.06	42 930
乙产品	27 000	1.06	28 620
合　计	67 500	—	71 550

(8)编制会计分录如下

借:基本生产——甲产品　　42 930
　基本生产——乙产品　　28 620
　贷:制造费用　　71 550

辅助生产成本明细账

生产单位:供电车间　　　　单位:元

摘　　要	费用项目		
	材料和外购动力	直接人工	其他费用
分配材料费用	12 000		
分配人工费用		6 000	
分配福利费		840	
本月折旧			3 000
分配待摊费用			200
购办公用品			560
付水电费	5 000		
本期发生额	1 700	6 840	3 760
分配结转	17 000	6 840	3 760

辅助生产成本明细账

生产单位:锅炉车间　　　　单位:元

摘　　要	费用项目		
	材料费和水电费	直接人工	其他费用
分配材料费用	5 000		
分配人工费用		10 000	
分配福利费		1 400	
本月折旧			2 000
分配待摊费用			300
付修理费			200
付水电费		3 500	
本期发生额	5 000	14 900	2 500
分配结转	5 000	14 900	−2 500

产品生产成本明细账

产品名称:甲产品　　单位:元

摘　　要	成本项目			
	直接材料	直接人工	制造费用	合　　计
期初余额	59 000	21 500	6 500	87 000
分配材料费	240 000			240 000
分配人工费		145 800		148 500
分配福利费		20 412		20 412
分配制造费用			42 930	42 930
完工转出	251 792	163 232	42 976	458 000
期末余额	47 208	24 478	6 454	78 142

产品生产成本明细账

产品名称:乙产品　　单位:元

摘　　要	成本项目			
	直接材料	直接人工	制造费用	合　　计
分配材料费	12 000			120 000
分配人工费		97 200		97 200
分配福利费		13 608		13 608
分配制造费用			28 620	28 620
完工转出	120 000	110 808	28 620	259 428

产品成本计算单

产品名称:A 产品　　单位:元

摘　　要	直接材料	直接人工	制造费用	合　　计
月初在产品成本	5 900	21 500	6 500	87 000
本月生产费用	240 000	166 212	42 930	449 142
生产费用合计	299 000	187 710	49 430	536 142
完工产品产量	1 600	1 600	1 600	1 600
在产品约当产量	300	240	240	—
生产总量	1 900	102.02	1 480	
分配率(单位成本)	157.37	102.02	26.86	286.25
完工产品总成本	251 792	163 232	42 976	458 000
月末在产品成本	47 208	24 478	6 454	78 142

产品成本计算单

产品名称:乙产品　　　　单位:元

摘　　要	直接材料	直接人工	制造费用	合　　计
本月生产费用	120 000	110 808	28 620	259 428
生产费用合计	120 000	110 808	28 620	259 428
分配率(单位成本)	120.00	110.81	28.62	259.43
完工产品总成本	120 000	110 808	28 620	259 428

(9)编制会计分录如下

借:库存商品——甲产品　　458 000

　　库存商品——乙产品　　259 428

　贷:基本生产——甲产品　　458 000

　　　基本生产——乙产品　　259 428

第六章　分批法

一、填空题

1.在产品成本、在同一月份内投产的产品批数很多,而且月末未完工批数较多的

2.产品批别

3.直接材料费用或生产工时发生额之和

4.未完工产品

5.二级

二、判断题

1.×　2.×　3.×　4.√　5.√

三、单项选择题

1.A　2.B　3.B　4.B　5.A

6.D　7.C

四、多项选择题

1.ABCDE　2.ABC　3.AC　4.ABCDE　5.ABCDE

6.ABC　　7.ACDE

五、问答题

1.简化的分批法是不分批计算在产品成本的一种分批法。简化的分批法与一般的分批法不同之处在于:各批产品之间分批间接费用的工作以及完工产品与月末在产品之间分配费用工资,即生产费用的横向分批工作和纵向分批工作,是利用累计间接计入费用分配率,到产品完工时合并在一起进行的,大大地简化了费用的分配和登记工作。

2.简化的分批法设立基本生产二级账的作用在于:(1)按月提供企业或车间全部产品的累计的生产费用和生产工时资料。为此,不仅应按成本项目登记全部产品的月初在产品费用、本月生产费用和累计生产费用,而且还要登记全部产品的月初在产品生产工时、本月生产工时和累计生产工时。(2)在有完工产品的月份,按照工时计算登记全部产品累计间接计入费用分配率,以及完工产品总成本和月末在产品总成本。

3.在简化的分批法下,在各批产品成本明细账中,如果本月没有完工产品,通常只登记本月直接材料费用和生产工时。如果本月有完工产品,应根据明细账中的直接材料累计费用、累计生产工时和生产成本二级账中的全部产品累计间接费用分配率等资料计算确定本月完工产品成本,登记直接材料费用和生产工时,以及各该费用累计数,根据基本生产成本二级账登记各项间接计入费用的累计分配率。

六、计算题

1.

(1)

直接人工费用分配表

2018 年 8 月

产品批号和车间、部门	成本项目	分批标准(工时)	分配率	应分配金额(元)
501	直接人工	20 000		100 000
802	直接人工	30 000		150 000
803	直接人工	16 000		80 000
804	直接人工	1 000		50 000
合　计		76 000	5.00	380 000

借:基本生产——甲产品　　100 000
　基本生产——乙产品　　150 000
　基本生产——丙产品　　80 000
　基本生产——丁产品　　50 000
　贷:应付职工薪酬　　380 000

制造费用分配表

车间:基本生产车间　　2018 年 8 月

产品批号	分配标准	分配率	应分配金额(元)
801	20 000		80 000
802	30 000		120 000
803	16 000		64 000
804	10 000		40 000
合　计	76 000	4.0	304 000

借:基本生产——甲产品　　80 000
　基本生产——乙产品　　120 000
　基本生产——丙产品　　64 000
　基本生产——丁产品　　40 000
　贷:制造费用　　304 000

(2)

产品成本明细账

批号:801　　开工日期:6 月 15 日
产品名称:甲　　批量 10 件　　完工日期:8 月 31 日　　单位:元

2018 年		凭证号数	摘　　要	直接材料	直接人工	制造费用	合　　计
月	日						
8	1		期初余额	1 030 000	390 000	260 000	1 680 000
10	31		分配材料费用	120 000			120 000
	31		分配人工费用		100 000		100 000
	31		分配制造费用			80 000	80 000
	31		完工产品转出	1 150 000	490 000	340 000	1 980 000

产品成本明细账

批号:802　　开工日期:7月8日
产品名称:乙　批量17件　　完工日期:　月　日　　单位:元

2018年		凭证号数	摘　要	直接材料	直接人工	制造费用	合　计
月	日						
8	1		期初余额	450 000	140 000	168 000	758 000
8	31		分配材料费用	399 990			399 990
	31		分配人工费用		150 000		150 000
	31		分配制造费用			120 000	120 000
8	31		完工产品转出	637 942.58	240 000	236 344.84	1 115 837.40
	31		期末余额	212 497.44	50 000	51 655.16	312 152.60

产品成本明细账

批号:803　　开工日期:7月12日
产品名称:丙　批量8件　　完工日期:　月　日　　单位:元

2018年		凭证号数	摘　要	直接材料	直接人工	制造费用	合　计
月	日						
8	1		期初余额	360 000	105 000	129 000	594 000
8	31		分配材料费用	258 000			258 000
	31		分配人工费用		80 000		80 000
	31		分配制造费用			64 000	64 000
	31		完工产品转出	385 000	114 625	139 560	639 185
	31		期末余额	233 000	70 375	53 440	356 815

产品成本明细账

批号:804　　　　　　　　　　　　开工日期 8 月 25 日
产品名称:丙　　批量 20 件　　　　完工日期:　月　日　　　　单位:元

2018 年 月	日	凭证号数	摘　要	直接材料	直接人工	制造费用	合　计
8	31		分配材料费用	123 000			123 000
8	31		分配人工费用		50 000		50 000
8	31		分配制造费用			40 000	40 000
8	31		期末余额	123 000	50 000	40 000	213 000

(3)

在产品约当产量计算表

产品名称:乙产品

批号	单位	材料费用在产品数量				其他费用在产品数量			
		投料率(%)	在产品数量	在产品约当产量	约当总产量	完工率(%)	在产品数量	在产品约当产量	约当总产量
802	件	80	5	4	16	50	5	2.5	14.4

(4)

产品成本计算单

批号:801　　　　　　　　　　　　开工日期:6 月 15 日
产品名称:甲　　批量 10 件　　　　完工日期:8 月 31 日　　　　单位:元

项　目	直接材料	直接人工	制造费用	合　计
月初在生产费用	1 030 000	390 000	260 000	1 680 000
本月生产费用	120 000	100 000	80 000	130 000
生产费用合计	1 150 000	490 000	340 000	1 980 000
完工产品总成本	1 150 000	490 000	340 000	1 980 000
单位成本	115 000	49 000	34 000	198 000

产品成本计算单

批号:802　　开工日期:7月8日

产品名称:乙　批量12件　　完工日期:　月　日　　单位:元

项　　目	直接材料	直接人工	制造费用	合　　计
月初在生产费用	450 000	140 000	168 000	758 000
本月生产费用	399 990	150 000	120 000	669 990
生产费用合计	849 990	290 000	288 000	1 427 990
分配率	53 124.38	20 000	19 862.07	92 986.45
完工产品总成本	637 492.56	240 000	236 344.84	1 115 837.40
月末在产品成本	212 497.44	50 000	51 655.16	312 152.60

产品成本计算单

批号:803　　开工日期:7月22日

产品名称:丙　批量5件　　完工日期:　月　日　　单位:元

项　　目	直接材料	直接人工	制造费用	合　　计
月初在生产费用	360 000	105 000	129 000	594 000
本月生产费用	258 000	80 000	64 000	402 000
生产费用合计	618 000	185 000	193 000	996 000
完工产品总成本	385 000	114 625	139 560	639 185
单位成本	77 000	22 925	27 912	127 837
月末在产品成本	233 000	70 375	53 440	356 815

(5)

借:库存商品——甲产品　　1 980 000

　　库存商品——乙产品　　1 115 837.40

　　库存商品——丙产品　　639 185

　贷:基本生产——甲产品　　1 980 000

　　　基本生产——乙产品　　1 115 837.40

　　　基本生产——丙产品　　639 185

2.

(1)

$$直接人工累计分配率=\frac{63\ 890}{16\ 800}=3.80$$

$$制造费用累计分配率=\frac{79\ 000}{16\ 800}=4.70$$

基本生产二级账

单位:元

2018年 月	日	凭证号数	摘要	直接材料	生产工时	直接人工	制造费用	合计
9	1		期初余额	27 900	6 100	11 990	28 050	67 940
9	30		本月发生	46 100	10 700	51 900	50 950	148 950
	30		累计	74 000	16 800	63 890	79 000	216 890
	30		全部产品累计间接费用分配率			3.80	4.70	
	30		完工产品转出	33 900	11 100	42 180	52 170	128 250
	30		期末余额	40 100	5 700	21 710	26 830	88 640

产品生产成本明细账

批号:811　　　　开工日期 8 月

产品名称:A 产品　　批量 5 台　　完工日期:9 月　　单位:元

2018年 月	日	凭证号数	摘要	直接材料	生产工时	直接人工	制造费用	合计
9	1		期初余额	15 600	3 200			
9	30		本月发生	2 000	2 000			
	30		累计数及累计间接费用分配率		5 200	3.80	4.70	
	30		完工产品转出	17 600	5 200	19 760	24 440	71 800

产品生产成本明细账

批号:812　　　　开工日期 8 月

产品名称:B 产品　　批量 10 台　　完工日期:9 月　　单位:元

2018年 月	日	凭证号数	摘要	直接材料	生产工时	直接人工	制造费用	合计
9	1		期初余额	12 300	2 900			
9	30		本月发生	4 000	3 000			
	30		累计数及累计间接费用分配率		5 900	3.80	4.70	
	30		完工产品转出	16 300	5 900	22 420	27 730	66 450

产品生产成本明细账

批号:901　　开工日期:9月

产品名称:C产品　批量7台　　完工日期:　月　　单位:元

2018年		凭证号数	摘　要	直接材料	生产工时	直接人工	制造费用	合　计
月	日							
9	30		本月发生	18 500	2 900			

产品生产成本明细账

批号:902　　开工日期:9月

产品名称:D产品　批量4台　　完工日期:　月　　单位:元

2018年		凭证号数	摘　要	直接材料	生产工时	直接人工	制造费用	合　计
月	日							
9	30		本月发生	11 800	2 300			

产品生产成本明细账

批号:903　　开工日期:9月

产品名称:E产品　批量5台　　完工日期:　月　　单位:元

2018年		凭证号数	摘　要	直接材料	生产工时	直接人工	制造费用	合　计
月	日							
9	30		本月发生	9 800	500			

(2)完工产品成本

借:库存商品——A产品　71 800

　库存商品——B产品　66 450

　贷:基本生产——811(A产品)　71 800

　　基本生产——812(B产品)　66 450

第七章　分步法

一、填空题

1.产品品种　生产步骤

2.管理上要求计算分步计算成本

3.会计报告期　生产周期

4.逐步结转分步法　平行结转分步法

5.不随半成品实物

6.综合结转　分项结转

7.原始成本结构　成本还原

8.最终完工产品　广义在产品

9.本步骤完工产品　狭义在产品

10.原始成本项目

二、判断题

1.×	2.√	3.√	4.×	5.×
6.×	7.×	8.×	9.√	10.×

三、选择题

1.B	2.D	3.D	4.A	5.C
6.ABC	7.AB	8.AD	9.ACD	10.ABCD

四、问答题

1.分步法是指按各种产品的生产步骤归集和分配生产费用,计算产品成本的一种方法。采用这种方法时,应该以每一种产品的生产步骤作为成本计算对象,设置产品成本计算单,并借以归集和分配各项生产费用,按月计算产品成本。

分步法主要适用于大量大批多步骤生产,并且管理上要求分步骤核算产品成本的企业。这些企业主要包括:大量大批的多步骤连续式生产的企业,如纺织印染、冶金、化工等企业;大量大批的多步骤装配式生产的企业,如电冰箱、电视、收音机、音响、机械制造等企业。

2.采用分步法计算产品成本时,其一般计算程序是:(1)按各产品的生产步骤设置产品成本计算单,并在产品成本计算单内按成本项目设置专栏,用以归集各步骤发生的各项产品费用。(2)分成本项目将各生产步骤的生产费用(即产品费用)分别归集在各步骤的产品成本计算单内。

3.逐步结转分步法(即顺序结转分步法,或计算半成品成本分步法)是指按产品加工步骤的顺序,逐步计算并结转半成品成本,前一步骤的半成品成本随着半成品实物的转移而结转到后一步骤的产品成本计算单,直到最后步骤累计计算出产成品成本的一种成本计算方法。

4.采用综合结转方式，由于不能反映出产成品的原始成本结构，不便于分析产成品成本的升降原因，因此，最后生产步骤计算出本月完工产品(即产成品)成本之后，需要对产成品成本的“自制半成品”费用进行成本还原。成本还原是指将产成品所耗自制半成品的综合成本，逐步分解还原为以原始成本项目(即原材料、工资及福利费、制造费用等)反映的费用。通常采用“上一步骤完工产品的成本项目比重还原法”进行成本还原。即先从最后生产步骤开始，按上一步骤完工产品各成本项目的构成比重，逐步分解还原，直到第一个生产步骤为止，然后，将各步骤还原后的相同成本相加，即可得到按原始成本项目反映的产品成本。其计算公式：

$$\text{还原分配率}=\frac{\text{待还原的综合成本}}{\text{本月上一步骤完工半产品总成本}}=\frac{\text{综合成本中本步骤耗用上一步骤的半成品成本}}{\text{本月上一步骤完工半产品总成本}}$$

$$\begin{matrix}\text{综合成本中本步骤半成品成本}\\\text{还原为上步骤某成本项目的金额}\end{matrix}=\begin{matrix}\text{本月上一步骤完工半产品}\\\text{成本中该成本项目的金额}\end{matrix}\times\begin{matrix}\text{还原}\\\text{分配率}\end{matrix}$$

如果企业的半成品定额成本(或计划成本)比较准确，为了简化成本还原工作，也可采用“半成品定额成本比例还原法”(或“半成品计划成本比例还原法”)进行成本还原。

5.平行结转分步法是指半成品成本不随半成品实物在各步骤之间的转移而结转，各步骤不计算半成品成本，不归集所耗用的前步骤半成品成本，只归集本步骤发生的其他各项费用，并于月末计算这些费用应计入产成品成本的份额，然后，在平行结转和汇总相同产品的各步骤份额的基础上，计算产成品成本的一种成本计算方法。采用平行结转分步法，自制半成品不在各加工步骤之间结转，而在月末将应由产成品负担的各步骤的费用平行地加以汇总，从而计算出当月产成品成本。这种成本计算方法适用于不需要提供各生产步骤的半成品成本的大量大批多步骤生产的企业，尤其是大量大批装配式多步骤生产的企业，如某些机械制造企业。在这些企业中，各生产步骤的半成品种类较多，但其用途主要是为下一生产步骤提供劳动对象，并且通常不能直接对外出售，因此，管理上通常不要求单独计算半成品成本。为了简化和加速产品成本计算工作，可以不计算各步骤所生产的半成品成本，不归集各步骤所耗前面各步骤的半成品成本，而只归集各步骤本身所耗费的其他产品费用，只在月末才计算这些费用应计入产成品成本的“份额”。

6.逐步结转分步法与平行结转分步法相同之处主要表现在:(1)都适用于大量大批多步骤生产,并且管理上要求分步骤核算产品成本的企业。(2)以各种产品及其生产步骤的半成品作为成本计算对象,设置产品成本计算单。(3)产品成本计算期与会计报告期一致,但是与产品生产周期不一致。(4)各月月末需要将产品成本计算单所归集的产品费用在各步骤的完工产品与月末在产品之间进行分配。

逐步结转分步法与平行结转分步法不同之处主要表现在:(1)尽管成本计算对象都是产品及其经过的生产步骤,但是,逐步结转分步法计算半成品成本,而平行结转分步法不计算半成品成本。(2)尽管月末都需要在完工产品与在产品之间分配生产费用,但是,根据逐步结转分步法,生产费用是本步骤发生的费用加上上一个步骤转入的半成品成本,完工产品是本步骤已经完工的半成品(最后生产步骤为产成品),月末在产品是本生产步骤正在加工尚未完工的在制品即狭义的在产品。而根据平行结转分步法,生产费用只是本步骤发生的费用,完工产品是企业最终完工的产成品,在产品是广义的在产品,既包括本步骤正在加工的在制品(狭义的在产品),又包括本步骤已经加工完成、转入以后各生产步骤但尚未最终制成产成品的自制半成品。

五、计算题

1.

(1)

第一个生产步骤产品生产成本明细账

产品:甲半成品　　2019年6月　　单位:元

项　　目	直接材料	直接人工	制造费用	合　　计
月初在产品成本	25 000	6 250	5 000	36 250
本月本步骤发生费用	275 000	131 250	105 000	511 250
生产费用合计	300 000	137 500	110 000	547 500
本月完工产品数量	500	500	500	500
月末在产品约当量	100	50	50	/
约当产量合计	600	550	550	/
完工产品单位成本	500	250	200	950
完工产品总成本	250 000	125 000	100 000	475 000
月末在产品成本	50 000	125 000	10 000	72 500

第二个生产步骤产品生产成本明细账

产品:乙半成品　　2019 年 6 月　　单位:元

项　　目	上一个生产步骤转入	直接人工	制造费用	合　　计
月初在产品成本	95 000	20 000	15 000	130 000
本月本步骤发生费用	/	200 000	150 000	350 000
本月上一个步骤转入费用	475 000	/	/	475 000
生产费用合计	570 000	220 000	165 000	955 000
本月完工产品数量	500	500	500	500
月末在产品约当量	100	50	50	/
约当产量合计	600	550	550	/
完工产品单位成本	950	400	300	1 650
完工产品总成本	475 000	200 000	150 000	825 000
月末在产品成本	95 000	20 000	15 000	130 000

第三个生产步骤产品生产成本明细账

产品:A 产品　　2019 年 6 月　　单位:元

项　　目	上一个生产步骤转入	直接人工	制造费用	合　　计
月初在产品成本	330 000	40 000	30 000	400 000
本月本步骤发生费用	/	210 000	157 500	367 500
本月上一个步骤转入费用	825 000	/	/	825 000
生产费用合计	1 155 000	250 000	187 500	1 592 500
本月完工产品数量	550	550	550	550
月末在产品约当量	150	75	75	/
约当产量合计	700	625	625	/
完工产品单位成本	1 650	400	300	2 350
完工产品总成本	907 500	220 000	165 000	1 292 500
月末在产品成本	247 500	30 000	22 500	300 000

根据上述计算结果,编制如下会计分录:

借:库存商品——A 产品　　1 292 500

　贷:基本生产——第三生产步骤　　1 292 500

(2)

产品成本还原计算表

产品:A产品　　2019年6月　　产量:550件　　单位:元

项目	成本还原率	成本项目					
		乙半成品	甲半成品	直接材料	直接人工	制造费用	合计
1.还原前总成本	/	907 500	/	/	220 000	165 000	1 292 500
2.本月所产乙半成品成本	/	/	475 000	/	200 000	150 000	825 000
3.乙半成品成本还原	1.1	907 500	522 500	/	220 000	165 000	0
4.本月所产甲半成品成本	/	/	/	250 000	125 000	100 000	475 000
5.甲半成品成本还原	1.1	/	522 500	275 000	137 500	110 000	0
6.还原后总成本	/	/	/	275 000	577 500	440 000	1 292 500
7.还原后单位成本	/	/	/	500	1 050	800	2 350

还原后总成本＝还原前总成本＋乙半成品成本还原＋甲半成品成本还原

2.

(1)

第一生产步骤产品生产成本明细账

产品:B产品　　2018年8月　　单位:元

项目	直接材料	直接人工	制造费用	合计
月初在产品成本	175 000	81 250	65 000	321 250
本月发生生产费用	275 000	131 250	105 000	511 250
生产费用合计	450 000	212 500	170 000	832 500
最终产成品数量	550	550	550	550
在产品约当产量:				
本步骤在产品约当产量	100	50	50	/
已转下步骤未完工半成品	250	250	250	/
生产总量(分配标准)	900	850	850	/
单位产成品成本份额	500	250	200	950
结转550件产成品成本份额	275 000	137 500	110 000	522 500
月末在产品成本	175 000	75 000	60 000	310 000

第二生产步骤产品生产成本明细账

产品:B产品　　2018年8月　　单位:元

项目	直接材料	直接人工	制造费用	合计
月初在产品成本	/	100 000	75 000	175 000
本月发生生产费用	/	200 000	150 000	350 000
生产费用合计	/	300 000	225 000	525 000
最终产成品数量	/	550	550	550
在产品约当产量:				
本步骤在产品约当产量	/	50	50	/
已转下步骤未完工半成品	/	150	150	/
生产总量(分配标准)	/	750	750	/
单位产成品成本份额	/	400	300	700
结转550件产成品成本份额	/	220 000	165 000	385 000
月末在产品成本	/	80 000	60 000	140 000

第三生产步骤产品生产成本明细账

产品:B产品　　2018年8月　　单位:元

项目	直接材料	直接人工	制造费用	合计
月初在产品成本	/	40 000	30 000	70 000
本月发生生产费用	/	210 000	157 500	367 500
生产费用合计	/	250 000	187 500	437 500
最终产成品数量	/	550	550	550
在产品约当产量:				
本步骤在产品约当产量	/	75	75	/
已转下步骤未完工半成品	/	0	0	/
生产总量(分配标准)	/	625	625	/
单位产成品成本份额	/	400	300	700
结转550件产成品成本份额	/	220 000	165 000	385 000
月末在产品成本	/	30 000	22 500	52 500

(2)

产品成本计算汇总表

产品:B 产品　　　　2018 年 8 月　　　　单位:元

生产步骤	直接材料	直接人工	制造费用	合　　计
第一生产步骤	275 000	137 500	110 000	52 500
第二生产步骤	/	220 000	165 000	385 000
第三生产步骤	/	220 000	165 000	385 000
完工产品总成本	275 000	577 500	440 000	1 292 500
完工产品单位成本	500	1 050	800	2 350

根据上述计算结果,编制如下会计分录:

借:库存商品——B 产品　　　　1 292 500

　贷:基本生产——第一生产步骤　　　　522 500

　　　基本生产——第二生产步骤　　　　385 000

　　　基本生产——第三生产步骤　　　　385 000

第八章　定额法

一、填空题

1.限额法、切割核算法、盘存法

2.脱离定额差异、材料成本差异、定额变动差异

二、判断题

1.√　　2.√　　3.×　　4.√　　5.×

6.√

三、单项选择题

1.D　　2.A　　3.B　　4.C

四、多项选择题

1.ACDE　2.ABE　3.ACD　4.CE　5.ABE
6.BC　7.ABCD

五、简答题

1.定额法的优点主要有:(1)能在各项耗费和费用发生的当时反映和监督脱离定额的差异,加强成本控制,从而及时有效地促进节约生产耗费,降低产品成本;(2)便于进行产品成本的定期分析,有利于进一步挖掘降低成本的潜力;(3)有利于提高成本的定额管理和计划管理工作的水平;(4)还能比较合理和简便地解决完工产品和月末在产品之间分配费用的问题。

定额法的缺点主要是:必须制定定额成本,单独核算脱离定额差异,在定额变动时还要修订定额成本,计算定额变动差异,因而要增加一些工作量。

定额法适用于各种类型的生产企业,但不能单独运用,而必须与确定产品成本计算对象的基本方法结合起来运用。

为了简化成本核算工作,采用定额法必须具备一定的条件。第一,定额管理的制度比较健全,定额管理工作的基础较好;第二,产品的生产已经定型,消耗定额比较准确、稳定。

2.以产品生产消耗定额和计划价格为根据确定的目标成本,都是对产品成本进行事前的反映和监督,实行事前控制的过程。其不同之处在于:其一,计算计划成本的消耗定额是计划期内平均消耗定额的依据,在计划期内通常是不变的,而计算定额成本的消耗定额则是现行定额,它随着生产、技术的进步和劳动生产率的提高而不断被修订,在计划期内每小时的生产工资和其他费用定额则是变动的。其二,计划成本一般是国家或上级等管理机构在计划期内,对企业进行成本考核的依据,而定额成本则是企业自行制定的,是企业内部当时进行成本控制和考核的依据。

3.定额法的成本计算程序包括:(1)制定定额成本;(2)核算脱离定额差异;(3)在完工产品与月末在产品之间分配成本差异;(4)计算完工产品的实际总成本和单位成本。

六、计算题

1.

根据资料采用定额法计算甲产品成本如下表所示。

产品生产成本明细账

产品名称:甲产品　　　　2019年6月　　　　单位:元

摘要		直接材料	直接人工	制造费用	合　计
月初在产品	定额成本	15 000	9 000	6 000	30 000
	定额差异	0	0	0	0
	定额变动差异	－600			
本期费用	定额成本	24 000	33 000	22 000	79 000
	定额差异	－960	0	0	－960
完工产品成本	定额成本	28 800	36 000	24 000	1 150
	定额差异	－960	0	0	－960
	定额变动差异	－600	0	0	－600
月末在产品	实际成本	9 600	6 000	4 000	19 600
	定额差异	0	0	0	0

完工产品定额费用:

直接材料定额费用＝600×48＝28 800(元)

直接人工定额费用＝600×20×3＝36 000(元)

制造费用定额费用＝600×20×2＝24 000(元)

直接材料成本差异＝－960(元)

月末在产品定额费用:

直接材料定额费用＝200×48＝9 600(元)

直接人工定额费用＝200×50％×20×3＝6 000(元)

制造费用定额费用＝200×50％×20×2＝4 000(元)

2.

材料项目定额成本＝20×2＋20×3＋15×4＝140(元)

工资及福利费项目定额成本＝(20＋15＋5)×1.80＝72(元)

制造费用项目定额成本＝(20＋15＋5)×2.2＝88(元)

甲产品定额成本＝140＋72＋88＝300(元)

第九章　分类法

一、填空题

1.产品类别、综合、同类内各产品

2.系数法

3.扣除分配法、比例分配法

4.若干类别

二、判断题

1.√ 2.× 3.√ 4.√ 5.√

6.√ 7.× 8.× 9.√ 10.√

三、单项选择题

1.D 2.B 3.C 4.B

四、多项选择题

1.BE 2.ABC 3.ABDE 4.ABE 5.ABCDE

6.BCD

五、简答题

1.系数法是指在产品成本计算的分类法中,类内各产品之内费用的分配,采用固定的系数进行。系数的确定是将标准产品的系数定为“1”,用其他各种产品的分配标准额与标准产品的分配标准相比求出比率。此方法也称为简化的分类法。

分类法是指产品成本计算的分类法,就是在产品品种、规格繁多,但可以按照一定标准分类的情况下,为了简化计算工作而采用的一种成本计算方法。

2.采用分类法,简化了成本计算工作,而且还能够在产品品种、规格繁多的情况下,分类掌握产品成本的水平;但由于同类产品内各种产品的成本均按一定的比例分配计算,因而计算结果有一定的假定性。因为在进行产品分类时,类距必须适宜,不能过大过小,尤其要选择与成本高低有密切联系的分配标准来分配费用。

六、计算题

1.

甲产品直接材料费用定额=200×10+800×5=6 000(元)

乙产品直接材料费用定额=300×10+400×5=5 000(元)

丙产品直接材料费用定额=100×10+500×5=3 500(元)

单位系数:乙产品如$\frac{5\ 000}{5\ 000}=1$

甲产品如$\frac{6\ 000}{5\ 000}=1.2$

丙产品如$\frac{3\ 500}{5\ 000}=0.7$

总系数:甲产品为 300×1.2=360

乙产品为 300×1=300

丙产品为 300×0.7=210

分配率$=\frac{3\ 000+5\ 700}{360+300+210}=10$

各产品应负担的材料成本分别为:

甲产品:360×10=3 600(元)

乙产品:300×10=3 000(元)

丙产品:210×10=2 100(元)

2.

(1)确定系数

甲 2 产品系数为$\frac{30}{60}=0.5$

甲 3 产品系数为$\frac{72}{60}=1.2$

(2)计算总系数(即标准总产量)

总系数的计算如下表所示。

总系数计算表

型号	系数	月末在产品				完工产品			合　计	
		数量	完工率(%)	投料总系数	投工总系数	产量	总系数	各完工产品系数占完工比例(%)	投料总系数	投工总系数
栏次	①	②	③	④=①×②	⑤=③×④	⑥	⑦=①×⑥	⑧	⑨=④+⑦	⑩=⑤+⑦
甲 1	0.5	300	80	150	120	600	300	15	450	420
甲 2	1	400	50	400	200	740	740	37	1 140	940
甲 3	1.2	500	30	600	180	800	960	48	1 560	1 140
				1 200	480		2 000	100	3 150	2 500

(3)

$$完工产品材料系数比例=\frac{完工产品材料总系数}{合计投料总系数}\times100\%$$

$$=\frac{2\ 000}{3\ 150}\times100\%$$

$$=63\%$$

$$完工产品人工系数比例=\frac{完工产品投工总系数}{合计投工总系数}\times100\%=80\%$$

据此,完工产品应负担的材料成本及人工成本、制造费用成本分别按累计成本的63%、80%、80%结转。甲类产品成本生产成本明细账如下表所示。

产品成本明细账

产品名称:甲类产品　　　　单位:元

2019年		凭证号数	摘　要	直接材料	直接人工	制造费用	成本合计
月	日						
5	1		月初在产品	35 000	4 500	2 800	42 300
5	31		本月发生费用	186 500	72 600	35 900	295 000
	31		生产费用合计	221 500	77 100	38 700	337 300
	31		结转完工产品成本	139 545	61 680	30 960	232 185
	31		月末在产品成本	81 955	15 420	7 740	105 115

根据上述计算资料编制产品成本计算单如下表所示。

甲类产品成本计算单

单位:元

项　目	甲类产品总成本	甲1(15%)		甲2(37%)		甲3(48%)	
		总成本	单位成本	总成本	单位成本	总成本	单位成本
直接材料	139 545	20 931.75	34.84	51 631.65	69.77	66 981.60	83.73
直接人工	61 680	9 252	15.42	22 821.60	30.84	29 606.40	37.01
制造费用	30 960	4 644	7.74	11 455.20	15.48	14 860.80	18.58
合　计	232 185	34 827.75	58.00	85 908.45	116.09	111 448.80	139.32

第十章　期间费用的核算

一、填空题

1.营业费用　管理费用　财务费用
2.销售商品　采购商品
3.专设销售机构
4.营业费用
5.行政管理
6.管理费用
7.筹集
8.利息净支出　汇兑净损失
9.财务费用
10.本年利润

二、判断题

1.√	2.√	3.×	4.√	5.√
6.×	7.√	8.√	9.×	10.×

三、选择题

1.ABC	2.A	3.B	4.ABCD	5.A
6.ABC	7.ABCD	8.AB	9.A	

四、问答题

1.营业费用是指企业在销售商品的过程中发生的各项费用,以及商品流通企业在采购商品过程中发生的各项进货费用(它属于商品流通费用)。

企业的营业费用包括企业在销售商品、提供劳务等日常经营过程中发生的各项费用,以及专设销售机构的各项经费。按其性质的不同,营业费用通常包括六个方面的内容:(1)日常商品自销费用;(2)专项商品促销费用;(3)专设销售机构的正常经费;(4)委托外单位代销费用;(5)商品流通企业的进货费用;(6)其他营业费用。

企业发生的各项营业费用是通过“营业费用”账户及其明细账户进行归集与结转的。营业费用明细账（如果企业自行设计和印制账簿，可将营业费用总账和明细账合二为一，设计成联合账簿的格式）应该按主要费用项目设置专栏，进行明细分类核算。

企业发生营业费用时，应根据有关原始凭证，按实际发生的金额借记“营业费用”账户，贷记“银行存款”、“现金”、“原材料”、“应付职工薪酬”、“累计折旧”等账户，并逐日或于月末根据有关付款凭证、转账凭证及其所附的要素费用分配表（或原始凭证、原始凭证汇总表等）全面、系统地将本期发生的各项营业费用归集在“营业费用”账户的借方。其中，如果登记依据是付款凭证，应逐日登记（即归集）；如果是转账凭证，则可以平时分散登记，也可以于月末汇总登记。期末，“营业费用”账户余额应全额结转到“本年利润”账户。因此，期末应根据“营业费用”账户的借方所归集的本期营业费用总额，借记“本年利润”账户，贷记“营业费用”账户。期末结账后，“营业费用”账户应没有余额。

2.管理费用是指企业行政管理部门为组织和管理生产经营活动而发生的各项费用。企业的管理费用项目较多，且比较复杂。按其性质和用途的不同，管理费用主要包括七个方面的内容：(1)企业日常行政管理事务费；(2)企业为职工支付的有关费用；(3)企业支付的各种费用；(4)企业发展费；(5)企业长期资产摊销费；(6)企业计提的流动资产减值损失准备和盘亏净损失；(7)其他管理费用。

企业发生的各项管理费用是通过“管理费用”账户及其明细账户进行归集和结转的。管理费用明细账也应该按主要费用项目设置专栏或专户，进行明细分类核算。

企业发生管理费用时，应根据有关原始凭证，按实际发生的金额借记“管理费用”账户，贷记“银行存款”、“现金”、“原材料”、“应付职工薪酬”、“累计折旧”、“其他应交款”、“其他应付款”、“无形资产”、“长期待摊费用”、“坏账准备”、“存货跌价准备”等账户，并逐日或于月末根据有关付款凭证、转账凭证及其所附的要素费用分配表（或原始凭证、原始凭证汇总表等）全面、系统地将本期发生的各项管理费用归集在“管理费用”账户的借方。其中，对于有关管理费用的付款凭证，应逐日登记（即归集）；对于有关管理费用的转账凭证，则可以平时分散登记，也可以于月末汇总登记。

期末，“管理费用”账户余额应全额结转到“本年利润”账户。因此，期末应根据“管理费用”账户的借方所归集的本期管理费用总额，填制转账凭证，将本期发生的各项管理费用直接从当期损益中扣除（即借记“本年利润”账户，贷记“管理费用”账户）。期末结账后，“管理费用”账户应没有余额。

3.财务费用是指企业为了筹集生产经营所需资金而发生的费用。在市场经济条件下,任何一个企业,为了从事生产经营活动并达成其经营目的,首要条件就是必须筹集到其生产经营所必要的资金,否则,“巧妇难为无米之炊”。然而,在企业筹集资金活动中,必然会发生筹资成本,支付筹资费用。

企业的财务费用包括利息净支出、汇兑净损失、金融机构手续费以及筹集生产经营资金所发生的其他费用。

企业发生的各项财务费用是通过“财务费用”账户及其明细账户进行归集和结转的。财务费用明细账应该按主要费用项目设置专栏,进行明细分类核算。主要财务费用项目包括利息支出、汇兑损失、金融机构手续费等。企业可以按这些费用项目单列专栏加以反映。

企业发生财务费用时,应根据有关原始凭证,按实际发生的金额借记“财务费用”账户,贷记“预提费用”、“银行存款”、“长期借款”、“未确认融资费用”、“应付债券”、“长期应付款”、“应收票据”等账户,并逐日或于月末根据有关付款凭证、转账凭证及其所附的要素费用分配表(或原始凭证、原始凭证汇总表等)全面、系统地将本期发生的各项财务费用归集在“财务费用”账户的借方。其中,如果登记依据是付款凭证,应逐日登记(即归集);如果是转账凭证,则可以平时分散登记,也可以于月末汇总登记。

期末,“财务费用”账户余额应全额结转到“本年利润”账户。因此,期末应根据“财务费用”账户的借方所归集的本期财务费用总额,填制转账凭证,借记“本年利润”账户,贷记“财务费用”账户。期末结账后,“财务费用”账户应没有余额。

4.因为它们都属于期间费用。期间费用,不能计入产品成本,应作为当期损益处理,直接抵减企业的当期营业利润。

5.显然,与其他项目相比,期间费用的核算极其简单,但是,期间费用包括研发费用和营销费用。这样,原本核算极其简单的期间费用,因企业的“创造”与“营销”日益重要,而显得极其重要。如何通过“营业费用”的核算洞察企业的“创造”与“营销”是一个值得关注的重要问题。

五、业务题

1.

2 日,通过银行存款支付销售产品的运杂费,编制如下会计分录:

借:营业费用——运杂费　　1 500

　贷:银行存款　　1 500

3 日,通过银行存款支付产品的电视广告费,编制如下会计分录:

借:营业费用——广告费　10 000

　贷:银行存款　10 000

10 日,按规定上交职工待业保险费,编制如下会计分录:

借:管理费用——职工待业保险费　10 000

　贷:银行存款　10 000

31 日,计提专设销售机构办公楼折旧费、行政办公楼折旧费,计提专利权摊销费,编制如下会计分录:

借:营业费用——折旧费　20 000

　　管理费用——折旧费　25 000

　　管理费用——无形资产摊销　5 000

　贷:累计折旧　50 000

31 日,按规定计提坏账准备金,编制如下会计分录:

借:管理费用——坏账准备　20 000

　贷:坏账准备　20 000

31 日,预提银行短期借款利息,编制如下会计分录:

借:财务费用——利息支出　1 000

　贷:预提费用　1 000

2.

借:本年利润　182 500

　贷:营业费用　31 500

　　　管理费用　150 000

　　　财务费用　1 000

营业费用明细账

第　页

2018 年		凭证		摘要	运杂费	折旧费	包装费	展览费	广告费	工资及福利费	…	合计
月	日	字	号									
8	2			运杂费	1 500							1 500
	3			广告费					10 000			10 000
	31			折旧费		20 000						20 000
	31			结转费用	1 500	20 000			10 000			31 500

管理费用明细账

第　　页

2018年		凭证		摘要	职工待业保险费	无形资产摊销费	坏账准备	差旅费	折旧费	修理费	…	合计
月	日	字	号									
8	10			职工待业保险费	100 000							100 000
	31			折旧费					25 000			25 000
	31			无形资产摊销费					5 000			5 000
	31			坏账准备			20 000					20 000
	31			结转费用	100 000		20 000		30 000			150 000

财务费用明细账

第　　页

2018年		凭证		摘要	利息支出	汇兑损失	金融机构手续费	其他	合计
月	日	字	号						
8	31			预提利息费用	1 000				1 000
	31			结转费用	1 000				1 000

第十一章　成本报表

一、填空题

1.产品成本　期间费用
2.产品成本　期间费用
3.企业管理层　内部管理
4.企业自行
5.费用　产品成本
6.数字真实　计算准确　内容完整　报送及时

7.实用性　针对性

8.生产费用　期初余额　期末余额

二、判断题

1.√　2.×　3.×　4.√　5.×

6.√　7.√　8.×　9.√　10.√

三、选择题

1.A　2.D　3.D　4.A　5.B

6.AB　7.AB　8.ABCD　9.ABCD　10.ABD

四、问答题

1.成本报表(cost statement)是根据企业产品成本和期间费用的核算资料以及其他相关资料编制,用于反映企业一定期间内产品成本和期间费用水平及其构成情况的报告。

成本报表具有如下特点:(1)成本报表基于企业内部经营管理需要而编制;(2)成本报表的种类、格式、项目和内容视企业经营管理需要而定;(3)成本报表提供的成本信息反映了企业经营管理效率。

2.企业在设置成本报表时,应当注意成本报表指标的实用性与报表内容的针对性两个基本要求。成本报表指标的实用性是指企业设置的成本报表,要符合企业生产经营的特点,满足企业成本管理的要求。成本报表内容的针对性是指企业设置的成本报表,其种类、格式、项目和内容要有针对性。

3.成本报表通常可以按一定标志分类。成本报表按其反映的经济内容,通常可以分为反映企业费用水平及其构成情况的报表和反映企业产品成本水平及其构成情况的报表两大类。成本报表按其编制时间,可以分为年度报表、半年度报表、季度报表、月报以及旬报、周报、日报和班报。

4.(1)生产量。"生产量"栏的本月实际和本年累计实际产量,可以根据企业的"产品产量统计表"提供的资料填列,也可以根据"产成品明细账"中有关完工入库产品数量资料填列;本年(或本月)计划产量根据企业本年(或本月)产品生产计划资料填列。

(2)销售量。"销售量"栏的本月实际和本年累计实际销售量,根据企业"主营业务收入明细表"中记录的销售数量填列;本年(或本月)计划销售量根据企业本年(或本月)产品销售计划资料填列。

(3)单位产品生产成本。“单位产品生产成本”栏的上年实际平均单位成本根据上年12月份本表中“本年累计实际平均单位成本”栏的数字填列;本年计划单位成本根据企业产品成本计划资料填列;本月实际单位成本根据本月“产品生产成本明细账”或“产品成本计算单”提供的资料填列;本年累计实际平均单位成本需要计算填列,有关计算公式为:

$$\text{某种产品本年累计实际平均单位成本}=\frac{\text{该产品本年累计实际总成本}}{\text{该产品本年累计实际总产量}}$$

(4)生产总成本。“生产总成本”栏的上年累计实际总成本根据上年12月份本表“本年累计实际总成本”栏的数字填列;本月实际生产总成本根据本月“产品生产成本明细账”或“产成品明细账”提供的资料填列,也可用本月实际生产总成本加上上月本表中的本年累计实际生产总成本后填列。

(5)销售总成本。“销售总成本”栏的本月实际销售总成本和本月累计实际销售总成本根据“主营业务成本明细账”记录的本月合计数和本年累计数分别填列;本年累计实际销售总成本,也可以将本月实际销售总成本加上上月本表中的本年累计实际销售总成本后填列。

(6)期末结存产品数量和总成本。“期末结存”栏的期末结存产品数量和总成本应根据“产成品明细账”记录的期末结存产品数量和生产成本总额分别填列。

5.产品生产成本表通常按月编制。按产品种类和类别编制的产品生产成本表与产品成本及销售成本表的部分项目相同。按成本项目编制的产品生产成本表中的“上年实际”栏应当根据上年12月份编制的“产品生产成本表”中的“本年累计实际”栏内的数据填列。“本月实际”栏和“本年累计”栏的填列方法如下:

(1)生产费用总额。生产费用总额及各成本项目的金额中,“本月实际”栏根据本月“基本生产”二级账或明细账的资料分析计算填列;“本年累计实际”根据本月本表中“本月实际”栏的金额,加上上月本表中“本年累计实际”栏的金额填列,也可以根据“基本生产”二级账或明细账的资料分析计算填列。本表各成本项目的金额之和应当等于生产费用总额。

(2)在产品、自制半成品期初余额。在产品、自制半成品期初余额中,“本月实际”根据“基本生产”和“自制半成品”两个账户的本月月初余额之和填列;“本年累计实际”指年初余额,应根据上年12月份本表中“在产品、自制半成品期末余额数”(本月实际数和本年累计实际数一致)填列。这个数字应与本年本表中的“上年实际”栏的“在产品、自制半成品期末余额数”数字一致。

(3)在产品、自制半成品期末余额。“在产品、自制半成品期末余额”中，“本月实际”和“本年累计实际”两栏的数字一致，都根据“基本生产”和“自制半成品”两个账户的本月月末余额之和填列。

(4)产品生产成本。产品生产成本的“本月实际”和“本年累计实际”数额，都可以由本月表的“生产费用总额”，加上“在产品、自制半成品期初余额”，减去“在产品、自制半成品期末余额”计算求得。本月本表中本月实际和本年累计实际产品生产成本总额，应与本月“产品生产成本及销售成本表”以及按产品种类和类别编制的“产品生产成本表”中的全部产品本月实际和本年累计实际产品生产成本总额分别对应相符。

6.在“主要产品单位成本表”中，产品单位成本的历史先进水平是指本企业生产该种产品在历史上单位生产成本最低年份的成本，应该根据该产品历史上成本最低年份的成本计算资料填列；上年实际平均单位成本、本年计划单位成本、本月实际单位成本和本年累计实际平均单位成本等指标的填列方法与“产品生产成本及销售成本表”中的单位生产成本的填列方法基本相同，主要产品单位成本表只是增加了分成本项目的资料。“产品生产成本及销售成本表”、“产品生产成本表”和“主要产品单位成本表”等三份报表中，相同产品对应的单位成本数额应当相符。

7.在“制造费用表”中，上年实际数根据上年 12 月份编制的制造费用表“本年累计实际”栏数字填列；本年计划数根据本年制造费用预算资料填列；本月实际数根据制造费用明细账各费用项目本月发生额填列；本年累计实际数根据制造费用明细账各费用项目本年累计发生额填列，也可以将本月实际数加上上月本表中本年累计实际数后填列。

8.期间费用表的上年实际数分别根据上年 12 月份各该表中的本年累计实际数填列；本年计划数分别根据本年营业费用预算、管理费用预算和财务费用预算所确定的本年计划数填列；本月实际数分别根据营业费用明细账、管理费用明细账和财务费用明细账本月发生额合计数填列；本年累计数分别根据营业费用明细账、管理费用明细账和财务费用明细账本年累计发生额合计数填列，也可以根据上月该表的本年累计实际数与本月该表的本月实际数之和填列。

五、业务题

产品生产成本表(按产品品种类别编制)

编制单位:华南公司　　　　2018 年度　　　　单位:元

产品	计量单位	产量		单位成本			总成本		
		本年计划	本年实际	上年实际平均	本年计划	本年累计实际平均	按上年实际平均单位成本计算	按本年计划单位成本计算	本年实际
主要产品							2 000 000	1 945 000	1 938 500
A 产品	件	2 160	2 500	600	582	579	1 500 000	1 455 000	1 447 500
B 产品	件	1 008	1 000	500	490	491	500 000	490 000	491 000
次要产品									
C 产品	件	960	1 000		555	530		555 000	530 000
合　计								2 500 000	2 468 500

第十二章　成本分析

一、填空题

1.成本核算　成本计划

2.比较分析法　比率分析法　因素分析法

3.脱离计划

4.升降幅度　所占比重

二、判断题

1.×　2.√　3.√　4.×　5.√

6.√　7.√

三、选择题

1.C　2.C　3.D　4.A　5.C

6.ABD　7.ABD　8.AB　9.ABD　10.ABCD

四、问答题

1.成本分析是根据成本核算资料和成本计划资料以及其他相关资料，运用专门方法，揭示企业成本计划或费用预算的执行情况，溯本求源，寻找产生成本计划或费用预算差异的根源，发现降低成本或节约费用的途径，挖掘企业内部增产节约的一项专门工作。因此，成本分析是成本核算工作的延续。

2.企业定期或不定期地进行成本分析，对于揭示企业成本计划或费用预算的执行情况，发现成本或费用管理工作中存在的问题，明确成本管理的责任，挖掘企业降低成本或节约费用的潜力，以及为企业编制成本计划、进行成本预测和决策提供相关信息等都具有重要的意义：(1)揭示企业成本计划或费用预算的执行情况；(2)落实成本管理的责任制；(3)挖掘企业内部增产节约的潜力。

3.从理论上说，企业的生产经营过程就是成本或费用发生或形成的过程。成本分析应该贯穿于企业生产经营全过程。其内容主要包括：(1)全部产品成本计划完成情况的分析；(2)可比产品(主要产品)成本计划完成情况的分析；(3)主要产品单位成本的分析；(4)制造费用预算执行情况的分析；(5)期间费用预算执行情况的分析；(6)技术经济指标对产品成本影响的分析。

4.成本分析方法很多，企业究竟应该采用哪种(些)方法，取决于企业成本分析的目的、成本或费用形成的特点以及成本分析所依据的资料性质等方面。在实践中，常用的成本分析方法包括比较分析法、比率分析法和因素分析法。

比较分析法是指将实际达到的数据与特定的各种标准相比较，从数量上确定差异，并进行差异分析的一种分析方法。所谓差异分析是指通过差异来揭示成绩或差距，做出评价，并找出产生差异的原因及其对差异的影响程度，为今后改进企业的经营管理指明方向的一种分析方法。

比率分析法是通过计算比率进行分析的方法。在成本分析中，常用的比率分析法包括相关比率分析法和结构比率分析法。

因素分析法是一种分析经济因素的影响，测定各个因素影响程度的分析方法。在成本分析中，因素分析法通常包括连锁替代法和差额计算法。

5.全部产品成本计划既可按产品种类和类别编制，也可按成本项目编制。这样，全部产品成本计划完成情况分析，也应该分别按产品种类和类别与按成本项目进行分析。(1)按产品种类和类别进行成本计划完成情况分析。这种分析的依据主要是产品生产成本表或产品生产成本及销售成本表和全部产品成本计划表(按产品种类和类别编制)。(2)按成本项目进行成本计划完成情况分析。这种分析的依据主要是企业按成本项目编制的产品生产成本表和产品成本计划表(按成本项目编制)。它们分析的重点都是成本降低额和降低率。

6.企业主要产品是指企业正常并大量生产的产品,其成本计划完成情况分析是成本分析的重点。由于企业的主要产品通常在以前年度已经生产过,有上年度成本数据,因此,有时主要产品也称为可比产品。在企业的成本计划中,通常除了规定主要产品的计划总成本和计划单位成本之外,还规定了可比产品的成本降低额和降低率。因此,企业主要产品的成本计划完成情况分析主要是主要产品成本降低任务(成本降低额和成本降低率)的完成情况分析。为了更清楚地发现问题,还需要进一步从产品单位成本、产品品种结构和产品产量等三个因素分析其对成本任务(降低额和降低率)的影响。

7.在全部产品成本计划完成情况分析和主要产品成本计划完成情况分析中,影响成本计划完成情况的主要因素是单位成本。因此,企业应该进一步分析产品单位成本计划完成情况,揭示产品单位成本上升或下降的原因,寻求降低产品成本的途径。在产品单位成本计划完成情况分析时,重点分析单位成本上升或下降幅度比较大和在企业全部产品中比重较大的产品。同时,在这两类产品中,又应该重点分析上升或下降幅度较大和比重较大的成本项目。

五、业务题

(1)计算全部产品与计划比较的成本降低额和降低率(如下表)

产品生产成本表(按产品品种类别分析)

编制单位:华南公司　　2018 年度　　单位:元

产品名称	计量单位	实际产量	产量			单位成本			总成本	
			上年实际	本年计划	本年实际	按上年实际单位成本计算	按本年计划单位成本计算	本年实际	成本降低额	成本降低率(%)
主要产品						2 000 000	1 945 000	1 938 500	6 500	0.3342
A 产品	件	2 500	600	582	579	1 500 000	1 455 000	1 447 500	7 500	0.5155
B 产品	件	1 000	500	490	491	500 000	490 000	491 000	−1 000	−0.2041
次要产品							555 000	530 000	25 000	4.505
C 产品	件	1 000		555	530		555 000	530 000	25 000	4.505
合　计							2 500 000	2 468 500	31 500	1.26

(2)简要评价该公司全部产品成本计划完成情况

华南公司 2018 年度全部产品总成本完成了计划,实际成本与计划成本相比较,成本降低额为 31 500 元,成本降低率为 1.26%。当然,次要产品的成本计划完成得更好。实际成本与计划成本相比,成本降低额为 25 000 元,成本降低率为4.505%。华南公司的主要产品虽然也完成了成本计划,但是,其成本降低额只有6 500元,成本降低率仅为0.3342%。如果进一步分析的话,可以看到华南公司的主要产品中,乙产品成本超支1 000元,成本超支率为0.2041%。

(3)计算主要产品计划和实际成本降低额、成本降低率以及实际脱离计划的差异(如下表)

主要产品成本降低任务完成情况分析表

编制单位:华南公司　　2018年度　　单位:元

项　目	成本降低额	成本降低率
1.计划数		
A产品	388 880	3%
B产品	10 080	2%
合　计	48 960	2.72%
2.实际数		
A产品	52 500	3.5%
B产品	9 000	1.8%
合　计	61 500	3.075%
3.差异数		
A产品	13 620	+0.5%
B产品	−1 080	−0.2%
合　计	12 540	+0.355%

(4)分析各个因素变动对主要产品成本降低任务的影响(如下表)

主要产品成本降低任务完成情况分析表

编制单位:华南公司　　2018年度　　单位:元

影响因素	对成本降低额的影响	对成本降低率的影响
产品单位成本	6 500	0.325%
产品品种结构	600	0.03%
产品产量	5 440	/
合　计	12 540	0.355%

(5)对该公司主要产品成本计划完成情况的简要评价

华南公司2018年度主要产品实际成本降低额超计划12 540元(61 500−48 960),实际成本降低率超计划0.355%(3.075%−2.72%)。这说明华南公司较好地完成了主要产品的成本降低目标。

华南公司2018年度A产品的成本降低额和降低率都完成了计划,而B产品的成本降低额和降低率都没有完成计划。

第十三章　变动成本法

一、填空题

1.变动成本　固定成本
2.直接材料　直接人工　变动性制造费用　固定性制造费用
3.固定性制造费用
4.大于　小于　相等
5.产品成本构成　存货计价　分期损益计算
6.企业扩大销售的积极性
7.特定的期间　某一特定的业务量水平范围
8.固定性成本费用　净收益

二、判断题

1.√	2.×	3.√	4.√	5.×
6.√	7.×	8.√	9.√	10.×
11.×	12.√	13.×	14.√	15.×

三、单项选择题

1.B	2.C	3.B	4.D	5.A
6.C	7.C	8.D	9.A	10.D
11.B	12.B	13.A	14.A	15.C

四、多项选择题

1.BCD	2.CE	3.BCE	4.ABCE	5.ABCD
6.ACD	7.ABCDE	8.ACE	9.ABD	10.AE

五、问答题

1.成本性态，又称为成本习性，是指成本总额与业务量之间的依存关系。这里的“业务量”是指企业在一定的生产经营期间内投入或完成的经营工作量的统称，可以根据具体的业务性质而有所不同。其表现形式可以为实物量、价值量和时间量,如产品的生产量或销售量、产品的销售额、直接人工小时或机器工作小时、维修部门的维修小时、行驶里程等。成本按其性态可以分为固定成本与变动成本两大类。

2.混合成本分解的方法包括历史成本分析法、工程研究法、账户分类法和合同认定法。基于成本会计的视角,较常用的是历史成本分析法。历史成本分析法主要包括高低点法、散布图法和回归分析法。

3.完全成本法,也称“吸收成本法”。通常所说的成本计算方法就是完全成本法,其主要特点是:产品成本包括直接材料、直接人工和制造费用,而制造费用根据其成本性态又可以进一步分为变动性制造费用与固定性制造费用。根据完全成本法,每生产一单位产品,其成本不仅包括产品生产过程直接消耗的直接材料、直接人工和变动性制造费用,而且还包括一定份额的固定性制造费用。这样,固定性制造费用也与直接材料、直接人工和变动性制造费用一样,汇集于产品,随着产品流动而流动,从而,使本期已经销售产品与存货具有完全相同的成本构成。

变动成本法,又称直接成本法。根据变动成本法,产品成本只包括直接材料、直接人工和变动性制造费用,而不包括固定性制造费用。

变动成本法与完全成本法的差异在于对产品成本构成的认识和处理方法不同,由此两种成本计算方法的存货计价与分期损益计算等方面存在差异。

4.变动成本法将固定性制造费用作为期间费用处理的理论依据是:固定性制造费用主要是为企业提供一定的生产经营条件而发生的,这些经营条件一经形成,不管其实际利用程度如何,有关费用照样发生,与产品的实际生产没有直接的联系,并不随业务量的增减而增减,因而,不应把它计入产品成本,而应作为期间费用处理。也就是说,这一部分费用是按期间发生的,它是一种与企业生产经营活动持续期间的长短相联系的费用,随着时间的推移而发生,随着时间的消逝而消失,其效益不应递延到下一个会计期间,而应在其发生的当期,全额列入收益表,作为该期间销售收入的一个抵减项目,期末资产负债表上的在产品、产成品的计价,自然也应排除这一部分费用。

5.这是因为如果产量大于销量,意味着出现了存货。根据完全成本法,期末存货吸收了部分固定性制造费用,销售收入少扣除了这部分费用;而根据变动成本法,固定性制造费用如数在当期扣除,从而根据完全成本法,其扣除的固定性制造费用比根据变动成本法少一部分,由此使得根据完全成本法计算的经营净收益大于根据变动成本法计算的经营净收益。

6.这是因为如果产量小于销量,意味着本期销售包含了上期的存货。根据完全成本法,产品销售收入不仅要扣除本期的固定性制造费用,而且还要扣除上期存货结转、吸收而来的固定性制造费用;而根据变动成本法,产品销售收入却只扣除本期固定性制造费用,从而使得根据完全成本法计算的经营净收益小于根据变动成本法计算的经营净收益。

7.这是因为如果产销平衡,根据完全成本法,固定性制造费用虽然计入产品成本,但又全部转化为产品销售成本,在产品销售收入扣除即如数在当期扣除;而根据变动成本法,固定性制造费用自然也是如数在当期扣除。因此,两种成本计算方法计算的经营净收益也一样。

8.从分期损益的角度来看,在产品销售价格、销售结构和成本不变的情况下,经营净收益应与销售量的增减保持一致。变动成本法能明确揭示产品的销售量、成本和经营净收益之间的依存关系,其所计算的经营净收益与销售量的增减保持一致,易于为企业管理层所接受,便于决策、控制和分析;而完全成本法由于掺杂了一些人为的计算因素,使经营净收益与销售量增减不能保持相应的依存关系,甚至产量增加而销量减少,经营净收益却增加。这就难以为企业管理层所理解和接受。根据完全成本法,产量增加,经营净收益就增加,有利于促进企业提高劳动生产率,提高产品产量,适用于早期供不应求的卖方市场经营环境或垄断性行业。但是,在今天买方市场经营环境或竞争性行业,这种情形就显得极为被动。而根据变动成本法,企业扩大销量(而不是增加产量)是增加经营净收益的一种途径。变动成本法有利于以销定产,适用于当今买方市场经营环境或竞争性行业。

从决策分析的角度来看,变动成本法比较适合于短期决策分析。因为就短期来说,企业现有生产能力一旦形成,在短期内难以发生变动,与此相关的固定成本是不可避免的。而变动成本却会受短期决策的影响。贡献毛益揭示了产品的盈利能力,企业的短期决策通常借助于贡献毛益。只有变动成本法才便于提供有关贡献毛益信息,完全成本法难以胜任这个特殊要求。但是,完全成本法比较适合于长期决策分析。就长期决策分析而言,企业生产能力会发生增减变动,一切成本都是变动成本。企业长期决策分析必须建立在补偿所有成本的基础上。这样,完全成本法所提供的信息比较充分,而变动成本法就显得不适应了。

从成本控制与绩效评价的角度来看,成本控制与绩效评价的准则是可控性原则。变动成本法将成本分为固定成本与变动成本,可以为各责任单位提供成本控制与绩效评价的信息,有利于成本控制与绩效评价。完全成本法不区分固定成本与变动成本,一视同仁,都在各产品之间进行分配,不利于成本控制与绩效评价。

从对外报告及纳税申报的角度来看,传统的成本概念是完全成本概念,变动成本法的成本概念不符合传统成本概念,因而据以进行存货计价与分期损益确定,不符合对外报告的要求,也不符合应纳税额的计算申报。因而,就目前而言,变动成本法还不可能取代完全成本法。

从理论上说,完全成本法与变动成本法都可以为企业管理层提供有用信息,但是,在特定环境下,它们又各有其适应性。一般而言,变动成本法比较适合企业内部经营管理的要求,但不符合对外报告和纳税申报要求;而完全成本法比较适合于对外报告和纳税申报要求,但不符合企业内部经营管理的要求。

9.如何使完全成本法与变动成本法结合运用?

成本会计存在对外(存货计价与收益确定)与对内(经营控制与管理决策)两个方面的功能。这就产生了如何使完全成本法与变动成本法相互补充、结合运用的问题。这里所说的相互补充、结合运用,不是指重复地同时搞两套平行的成本核算系统,而是指以一种成本核算系统为基础,同时对其进行适当的调整和"变通",使之能同时兼顾企业内外部两方面的信息需求。

所谓以一种成本核算系统为基础,又应该以哪一种成本核算系统为基础呢?显然,企业内部信息需求是经常性的、大量的,而对外编制报表却只在期末进行(定期性的),因而,比较合理的做法是以变动成本法为基础,同时,对它进行适当调整和"变通",以适应对外编制报表的需要。也就是说,企业把日常核算建立在变动成本法基础上,"基本生产"、"库存商品"账户按变动成本反映,同时另设置"存货中的固定性制造费用"账户,把所发生的固定性制造费用先记入这个账户,期末再将它在已经销售产品、在产品和产成品之间进行分配。将其中应该由已经销售产品负担的部分转入销售成本,由当期损益负担,而将其中应该由在产品、产成品负担的部分仍留在该账户的借方,在资产负债表上作为相应存货项目的附加,使存货和销售成本仍按完全成本列示。这就符合对外编制报表和纳税申报要求。这就既避免平行地重复搞两套成本核算系统,又可以同时兼顾企业内外部两个方面的信息需求。

六、计算题

1.

首先,求出最高业务量下的混合成本总额:

$$\frac{(176\ 250-60\ 000-75\ 000)\times 50\ 000}{50\ 000}=41\ 250\text{元}$$

其次，运用高低点法分解混合成本总额：

$$b=\frac{(41\ 250-32\ 500)}{(75\ 000-50\ 000)}=0.35\text{元/件}$$

$a=41\ 250-0.35\times75\ 000=15\ 000$ 元

或　$a=32\ 500-0.35\times50\ 000=15\ 000$ 元

最后，写出混合成本的表达式：

$Y=15\ 000+0.35X$

这样，成本总额的表达式为 $Y=75\ 000+1.35X$。

如果该公司某年度计划生产 65 000 件：

混合成本总额＝15 000＋0.35×65 000＝37 750 元

成本总额＝75 000＋1.35×65 000＝162 750 元

或成本总额＝37 750＋60 000＋65 000＝162 750 元

2.

分别运用完全成本法和变动成本法为大华公司编制 10 月份损益表如下：

单位：元

完全成本法		变动成本法	
销售收入	600 000	销售收入	600 000
销售成本：		变动成本：	
期初存货成本	122 500*	直接材料	225 000(30×7 500)
本期生产成本	600 000**	直接人工	142 500(19×7 500)
可供销售成本	722 500	变动性制造费用	45 000(6×7 500)
减：期末存货成本	270 000	变动性销售及管理费用	30 000(4×7 500)
销售成本	452 500	合计	442 500
销售毛利	147 500	贡献毛益	157 500
减：期间费用		减：期间费用	
销售及管理费用	58 000	固定性制造费用	50 000
期间费用合计	58 000	销售及管理费用	28 000
		合计	78 000
经营净收益	89 500	经营净收益	79 500

* 上月产品单位成本＝30＋19＋6＋50 000/8 000＝61.25 元

月初存货成本＝61.25×2 000＝122 500 元

** 本月产品单位成本＝30＋19＋6＋50 000/10 000＝60 元

本月生产成本＝10 000×60＝600 000 元

由于采用先进先出法，因此，期末存货 4 500 件都是本期生产的存货：4 500×60＝270 000 元；58 000＝7 500×4＋28 000

3.

(1)

运用变动成本法为该公司编制最近三年的收益表如下：

单位：元

	第一年	第二年	第三年
销售收入	80 000	48 000	96 000
变动成本	30 000	18 000	36 000
贡献毛益	50 000	30 000	60 000
减：固定性制造费用 固定性销售与管理费用 合计	20 000 15 000 35 000	20 000 15 000 35 000	20 000 15 000 35 000
经营净收益	15 000	(5 000)	25 000

(2)

第一年，产销平衡，根据完全成本法计算的经营净收益等于根据变动成本法计算的经营净收益(都是 15 000 元)。

第二年，产量大于销量，根据完全成本法计算的经营净收益(3 000 元)大于根据变动成本法计算的经营净收益(－5 000 元)，两者相差 8 000 元。因为根据完全成本法，期末存货 4 000 件，吸收了 8 000 元(2×4 000)的固定性制造费用。

第三年，产量小于销量，根据完全成本法计算的经营净收益(21 000 元)小于根据变动成本法计算的经营净收益(25 000 元)，两者相差 4 000 元。因为根据完全成本法，本年的销售收入不仅扣除本年的固定性制造费用，而且还扣除了上年期末存货 2 000 件所分摊的固定性制造费用 4 000 元(2×2 000)。

七、案例分析题

1.

(1)2017 年该公司亏损 30 万元是这样计算出来的：

销售单价＝2 500 元，销售量＝500 件

单位制造成本＝1 000(单位变动成本)＋$\frac{800\ 000}{500}$(单位固定成本)

=2 600 元

固定推销及管理费用=250 000 元

利润=2 500×500-2 600×500-250 000=-300 000(元)

(2)财务副经理的意见能否扭亏为盈?

根据财务副经理的意见,分别采用完全成本法与变动成本法计算如下:

完全成本法		变动成本法	
项目	金额	项目	金额
销售收入	1 250 000 元	销售收入	1 250 000 元
减:销售成本	900 000 元*	减:销售产品变动成本	500 000 元
销售毛利	350 000 元	贡献毛益	750 000 元
减:固定推销及管理费用	250 000 元	减:固定性制造费用	800 000 元
利润	100 000 元	减:固定推销及管理费用	250 000 元
		利润	-300 000 元

* 本期生产成本:1 000×1 000(变动成本)+800 000(固定成本)=1 800 000(元)

期末存货成本:(1 000-500)×(1 800 000/1 000)=900 000(元)

销售成本:1 800 000-900 000=900 000(元)

由此可见,如果采用完全成本法,财务副经理的意见可以"扭亏为盈",利润为 100 000 元;如果采用变动成本法,财务副经理的意见不能"扭亏为盈",亏损额为 300 000 元。

2.

(1)

分别采用完全成本法与变动成本法为该公司编制 2018 年度收益表如下:

某公司 2018 年度的收益表(根据完全成本法编制)

单位:元

项目	金额	
销售收入		30 000 000
减:销售成本:		
变动成本	10 000 000	
固定性制造费用	8 000 000	18 000 000
销售毛利		12 000 000
减:销售及行政管理费用(假设全部为固定性费用)		5 000 000
经营净收益		7 000 000

某公司2018年度的收益表(根据变动成本法编制)

单位:元

项目	金额
销售收入	30 000 000
减:变动成本	10 000 000
贡献毛益	20 000 000
减:固定性制造费用	24 000 000
减:销售及行政管理费用(假设全部为固定性费用)	5 000 000
经营净收益	−9 000 000

(2)

张三获得报酬的依据是根据完全成本法计算的经营净收益。

这样的聘任合同至少存在这样的瑕疵:企业内部的绩效评价不宜以完全成本法计算的经营净收益为基础,而应该以变动成本法计算的经营净收益为基础。

第十四章　标准成本法

一、填空题

1.标准成本的制定　差异分析　成本差异的账务处理

2.实际成本　标准成本

3.预算差异　能量差异　固定性制造费用耗费差异　固定性制造费用生产能力差异　固定性制造费用效率差异

4.理想标准成本　正常标准成本　现实标准成本

5.不利差异　有利差异　直接材料成本差异　直接人工成本差异　制造费用差异

6.直接人工工资率差异　直接人工效率差异

二、判断题

1.×　　2.×　　3.√　　4.√　　5.×

6.×　7.√　8.√　9.×　10.√
11.√　12.√　13.√　14.√

三、单项选择题

1.A　2.D　3.D　4.B　5.B
6.D　7.A　8.A　9.D　10.C
11.A　12.A　13.A

四、多项选择题

1.ABC　2.ABCD　3.AB、D　4.ABCD　5.AC
6.AD　7.A、BD　8.BCD　9.CD　10. BCD

五、问答题

1.标准成本法不单纯是一种成本计算方法,而是一种集成本计算、成本分析与成本控制为一体的成本管理系统,它包括标准成本的制定、差异分析和成本差异的账务处理三大部分。

标准成本法将事前成本计划、日常成本控制和最终产品成本的确定有机地结合起来,形成一个完整的成本控制系统,对企业加强成本管理,提高经济效益具有重要意义。标准成本法的具体意义主要体现在:(1)加强成本控制,提高成本管理水平;(2)为企业管理层提供决策有用的成本信息;(3)有利于挖掘成本潜力,提高企业经济效益;(4)简化了企业日常成本核算。

2.标准成本包括理想的标准成本、正常标准成本和现行可达到的标准成本。

理想的标准成本是最高要求的标准成本,它是以企业的生产技术和经营管理、设备的运行和工人的技术水平都处于最佳状态为基础所制定的单位产品成本。这种标准成本排除了机器可能的故障、材料可能发生的浪费以及工人操作不熟练等因素。由于这种标准成本没有考虑客观实际情况,提出的要求过高,很难实现,因此,在实际工作中很少采用这种标准成本。不过,它可以作为成本水平的追求目标。

正常标准成本是指根据企业正常的耗用水平、正常的工作效率以及正常的价格水平制定的标准成本。所谓"正常"是指在经营活动中,排除异常或偶然事件影响的平均水平。确定正常标准成本时,应反映过去经营活动实际成本的平均值,并考虑未来变动趋势。因此,这种标准成本是一种经过努力可达到的成本水平,且在生产技术和经营条件没有较大变化的情况下,不必修订。这种标准成本适合于经济环境稳定的管理情境。

现行可达到的标准成本是指在企业现行的生产经营条件和在预计可能达到的生产能力下,以有效的经营管理为基础而确定的标准成本。它是反映企业在现有生产经营环境、现有资本构成比例不变的条件下制定的一种成本标准,其控制基数随着时间推移及各种生产经营因素变动而不断地加以调整,以适应有效控制的需要。

3.单位产品的标准成本是由产品的直接材料、直接人工和制造费用组成的。制定单位产品标准成本,应分别根据直接材料、直接人工的标准用量、材料价格标准、人工工资率标准和制造费用分配率标准具体计算。

直接材料标准成本由直接材料用量标准和直接材料价格标准决定。直接材料数量标准是指在现有生产技术条件下生产单位产品所需要的各种材料的数量,它包括形成产品实体的材料,在正常范围内允许发生的材料损耗和生产过程不可避免的废品所耗费的材料数量。直接材料价格标准是指取得某种材料应支付的单位材料价格,包括该种材料买价和预计的各项采购费用。直接材料标准成本的制定是由其单位产品所需各种材料的标准数量和与之相适应的标准价格计算求得。其计算公式为:"直接材料标准成本$=\sum$(单位产品材料消耗标准×材料价格标准)"。

直接人工标准成本由直接人工用量标准和直接人工价格标准决定。在制定直接人工标准成本时,其基本程序首先是区分各种直接作业的种类;其次是逐一确定各作业在单位产品中的标准工时和标准小时工资率;最后两者相乘得出单位产品的直接人工标准成本。其计算公式为:"直接人工标准成本=单位产品工时标准×小时工资率标准"。

制造费用标准成本通常按部门分别制定。如果某种产品由多个部门生产加工,就需要将各部门的单位产品制造费用汇总,并计算单位产品制造费用的标准成本。在制定各部门的制造费用标准成本时,通常先要求按部门分别确定生产单位产品所需的标准工时和标准费用分配率,然后两者相乘就得到单位产品制造费用的标准成本。其计算公式为:"制造费用标准成本=单位产品工时标准×费用分配率标准"。

在制定制造费用的标准成本时,之所以要区分变动性制造费用标准成本与固定性制造费用标准成本,是因为变动性制造费用与固定性制造费用的成本性态不同。通常,制造费用差异按其性质分为变动性制造费用差异与固定性制造费用差异两类。

4.直接材料成本差异是指基于实际产量的直接材料实际成本与直材料标准成本之间的差额。它可以分解为直接材料价格差异与直接材料用量差异两部分。

直接材料价格差异是指因直接材料实际价格脱离标准价格而形成的直接材料成本差异。其计算公式为:“材料价格差异＝材料实际用量×(材料实际单价－材料标准单价)”。

直接材料用量差异是指因直接材料实际耗用量脱离标准耗用量而形成的直接材料成本差异。其计算公式为:“材料用量差异＝(材料实际数量－材料标准数量)×材料标准单价”。

5.直接人工成本差异是指基于实际产量的直接人工实际成本与直接人工标准成本之间的差额。直接人工成本差异也可以分解为价格差异和用量差异两部分。

直接人工价格差异通常称为工资率差异,直接人工用量差异通常称为效率差异。直接人工工资率差异是指因直接人工实际工资率脱离标准工资率而形成的直接人工成本差异。其计算公式为:“直接人工工资率差异＝实际工时×(实际工资率－标准工资率)”。

直接人工效率差异是指因直接人工实际工时脱离标准工时而形成的直接人工成本差异。其计算公式为:“直接人工效率差异＝(实际工时－标准工时)×标准工资率”。

6.制造费用差异按其性质分为变动性制造费用差异与固定性制造费用差异两类。

变动性制造费用差异是指变动性制造费用实际发生额与变动性制造费用标准发生额之间的差额。变动性制造费用差异也分解为价格差异与用量差异两部分。变动性制造费用价格差异通常称为变动性制造费用耗费差异,变动性制造费用用量差异通常称为变动性制造费用效率差异。

变动性制造费用耗费差异是指因变动性制造费用实际分配率脱离标准分配率而形成的变动性制造费用差异。其计算公式为:“变动性制造费用耗费差异＝分配基础实际用量×(实际费用分配率－标准费用分配率)”。变动性制造费用效率差异是指因实际耗用的直接人工工时脱离标准工时而形成的变动性制造费用差异。其计算公式为:“变动性制造费用效率差异＝(分配基础实际用量－分配基础标准用量)×标准费用分配率”。

固定性制造费用不同于变动性制造费用。它主要与生产能力的形成和其正常的维护相联系。在一定的生产业务量范围内,固定性制造费用总额不变。

因此,通常采用编制固定性制造费用预算进行控制。如果企业采用完全成本法计算产品成本,固定性制造费用也要分配于产品。在计算产品标准成本时,要事先制定固定性制造费用标准分配率。其计算公式为:“固定性制造费用标准分配率=固定性制造费用预算总额÷预计产能的标准工时”。

固定性制造费用差异的分解方法包括两差异法和三差异法两种。

两差异法是指将固定性制造费用差异分解为固定性制造费用预算差异与固定性制造费用能量差异两部分。预算差异也称耗费差异,是指实际固定性制造费用脱离预算而形成的差异,即固定性制造费用的实际发生额与预算额之间的差额。其计算公式为:“固定性制造费用预算差异=固定性制造费用实际发生额-固定性制造费用预算额”。能量差异是固定性制造费用的预算脱离标准而形成的差异,即基于标准产能,固定性制造费用预算额与固定性制造费用标准成本之间的差额。其计算公式为:“固定性制造费用能量差异=标准固定性制造费用分配率×(产能标准工时-实际产量标准工时)”。根据两差异法,固定性制造费用成本差异就是预算差异与能量差异之和,即:“固定性制造费用成本差异=固定性制造费用预算差异+固定性制造费用能量差异”。

三差异法是指将固定性制造费用差异分解为固定性制造费用耗费差异、固定性制造费用生产能力差异和固定性制造费用效率差异三部分。固定性制造费用耗费差异是指固定性制造费用实际发生总额与预算总额之间的差额,与前述的两差异法的预算差异相同。即:“固定性制造费用耗费差异=固定性制造费用实际发生额-固定性制造费用预算额”。固定性制造费用生产能力差异是指因生产能力的实际利用程度偏离预定的标准生产能力所形成的固定性制造费用差异。其计算公式为:“固定性制造费用生产能力差异=标准固定性制造费用分配率×(标准产能总工时-实际耗用工时)”。固定性制造费用效率差异是指因生产单位产品实际耗用工时偏离其标准工时所形成的固定性制造费用差异。其计算公式为:“固定性制造费用效率差异=标准固定性制造费用分配率×(实际耗用工时- 实际产量应耗标准工时)”。

三差异法的固定性制造费用生产能力差异与固定性制造费用效率差异之和等于两差异法的固定性制造费用能量差异。三差异法就是将固定性制造费用成本差异分为耗费差异、效率差异和生产能力利用差异三种。其中,耗费差异的计算与两差异法的计算相同。三差异法将二差异法的“能量差异”进一步分为两个部分:一部分是实际产量的实际工时未能达到(或超额)预算产量的标准工时而形成的生产能力差异;另一部分是实际产量的实际工时脱离实际产量标准工时而形成的差异,即效率差异。

制造费用差异分析与直接材料、直接人工差异分析不同之处在于区分制造费用的成本性态。

7.根据标准成本法，应当将标准成本和成本差异纳入产品成本核算系统。在该产品成本核算系统下，产品成本按标准成本在相关账户之间结转。根据标准成本法，需要设置两大类账户：一类用来反映各种标准成本，另一类用来反映成本差异。

标准成本法账务处理的基本步骤包括：(1)登记各项标准成本账户。在日常发生成本支出时，先将其分离为标准成本和成本差异两个部分；然后以标准成本分别登记原材料、生产成本、库存商品、主营业务成本等各有关标准成本账户。这里所指的标准成本是基于实际数量计算的标准成本额。(2)登记各项成本差异账户。对于成本差异，按类别分别登记相应的成本差异账户。为了便于考核，各成本差异账户还可以按责任部门设置明细账户，分别记录各部门的成本差异数额。(3)处理成本差异。

8.根据标准成本法，期末成本差异的处理主要有两种方法：第一，结转本期损益法。即在会计期末将全部的成本差异转入本期权益账户（本年利润账户），或者先将其转入产品销售成本账户，然后再将销售成本总额（标准成本加上成本差异）转入权益账户。第二，调整销售成本与存货法。即在会计期末将全部成本差异按照基于实际数量计算的标准成本比例在销售成本与存货之间进行分配，以便合理地计算当期损益。

9.企业实施标准成本法需要以下条件的配合：(1)标准化、大批量生产；(2)建立和健全计量制度；(3)建立和健全定额制度；(3)建立和健全责任制度；(4)企业管理的基础较好。

10.标准成本的制定更多的是一个技术问题。因为技术决定了产品需要用什么材料以及用多少材料（直接材料成本）、生产工艺流程以及设备与用工标准（直接人工成本和制造费用）。因此，单靠会计部门难以制定标准成本。

六、计算题

1.

材料价格差异＝材料实际用量×（材料实际单价－材料标准单价）

$$=1\ 800\times\left(\frac{3\ 510}{1\ 800}-2\right)$$

$$=-90\text{ 元（有利差异）}$$

材料用量差异＝（材料实际数量－材料标准数量）×材料标准单价

$=(1\ 800-2\ 000\times1)\times2=-400$ 元(有利差异)

材料成本差异　　-490 元(有利差异)

2.

直接人工工资率差异＝实际工时×(实际工资率－标准工资率)

$=1\ 800\times\left(\frac{7\ 560}{1\ 800}-4\right)=360$ 元(不利差异)

直接人工效率差异＝(实际工时－标准工时)×标准工资率

$=(1\ 800-1\ 000\times2)\times4=-800$ 元(有利差异)

直接人工成本差异　　-440 元(有利差异)

3.

(1)两差异法

固定性制造费用预算差异＝固定性制造费用实际发生额－固定性制造费用预算额

$=4\ 900-4\ 800=100$ 元(不利差异)

固定性制造费用能量差异＝固定性制造费用预算额－固定性制造费用标准成本

＝标准固定性制造费用分配率×(产能标准工时－实际产量标准工时)

$=\frac{4\ 800}{2\ 400}\times(2400-2000)=800$ 元(不利差异)

固定性制造费用差异　　900 元(不利差异)

(2)三差异法

固定性制造费用预算差异＝固定性制造费用实际发生额－固定性制造费用预算额

$=4\ 900-4\ 800=100$ 元(不利差异)

固定性制造费用生产能力差异＝标准固定性制造费用分配率×(标准产量总工时－实际耗用工时)

$=\frac{4\ 800}{2\ 400}\times(2\ 400-2\ 200)=400$ 元(不利差异)

固定性制造费用效率差异＝标准固定性制造费用分配率×(实际耗用工时－实际产量应耗标准工时)

$=\frac{4\ 800}{2\ 400}\times(2\ 200-2\ 000)=400$ 元(不利差异)

固定性制造费用差异　　900 元(不利差异)

第十五章　作业成本法

一、填空题

1.单位作业　批作业　产品作业　能量作业
2.成本动因
3.资源动因　作业动因
4.作业消耗资源,成本对象消耗作业
5.作业量决定资源耗用量
6.资源动因
7.产出量(成本对象)决定作业耗用量
8.作业动因
9.成本分配观　流程观
10.产品　作业

二、判断题

1.√	2.×	3.√	4.√	5.×
6.√	7.√	8.×	9.×	10.×

三、问题题

1.作业成本法建立在一系列基本概念基础上。这些基本概念是理解和掌握作业成本法的前提。这些基本概念包括作业、作业中心、成本库、成本动因、成本对象和资源。

作业是企业为了特定目的而消耗资源的活动或事项。它代表企业实施的工作,它是连接资源与成本对象的桥梁。

作业中心是一系列相互联系、能够实现某种特定功能的作业集合。如果把企业的一系列相关作业所消耗的资源费用归集到作业中心,便构成该作业中心的成本库。实际上,成本库是作业中心的货币表现形式。

成本动因是作业成本法的核心观念。它是导致成本发生的根源,是成本对象与其直接关联的作业和最终关联的资源之间的中介因素。

成本对象是企业执行各项作业的原因。它是归集成本的最终点。根据企业管理的需要,成本对象可以是产品,也可以是作业、部门或生产线、一个人,乃至整个企业,甚至可以是企业的外部顾客。

资源是支持作业的成本或费用来源。它是作业执行过程所需要花费的各种代价。

2.作业成本法的基本步骤包括:(1)确认主要作业和作业中心。(2)将资源成本分配到作业中心。将归集起来的投入成本或资源分配到每个作业中心的成本库,每个成本库所代表的是它所在的那个中心所执行的作业。因此,该步骤的成本动因是要确认每个成本中心的资源耗用量。这个步骤的分配工作,反映了作业成本法的基本前提:作业量决定资源耗用量。资源耗用量的高低与最终的产出量(成本对象)没有直接的关系。这种资源消耗量与作业量之间的关系就是前述的“资源动因”。“资源动因”是本步骤分配的基础。这是作业成本法的“本源”。顾名思义,作业成本法计算的就是企业各种作业的成本。(3)将各个作业中心的成本分配到成本对象。这个步骤的分配工作反映了作业成本法的基本前提:产出量(成本对象)决定作业耗用量。这种作业消耗量与企业产出量(成本对象)之间的关系就是“作业动因”。这是作业成本法的延伸。

3.制造费用的分配追求的是成本信息的相关性。

4.所谓“成本转移”是指由于成本计算方法的原因而使得某些产品成本被低估,某些产品成本被高估。根据传统成本计算方法,导致成本转移的主要因素包括批量差异、工艺差异、产品规格差异等。

5.与传统成本计算方法相比,作业成本法还具有如下的特色:(1)全员成本管理意识成为现实。作业成本法计算的是作业成本。企业员工每天的工作就是执行必要的作业。作业成本法计算的就是每个员工的成本。成本问题自然成为全员的问题。作业成本法使企业所有员工都讲“同一种语言”:在保证质量的前提下,持续降低成本,“将昨天的成本转化为明天的利润”,持续创造价值。(2)“整合四流,创造一流”。作业成本法计算的是企业最基本事项(即作业)的成本。企业可以根据其管理需求,“按需取数”,计算各种成本对象的成本(产品成本只是其中之一)。由此,作业成本法真正体现了成本会计“不同目的,不同成本”(different cost for different purposes)的精髓,有助于企业整合“资金流”、“物流”、“信息流”和“人力资源流”(即“四流”),创造一流的绩效。这才是作业成本法的魅力之所在。(3)揭示成本发生的“来龙去脉”。从管理决策的视角看,单纯的成本信息没有意义。实际上,作业成本法的计算过程就是成本动因的分析过程。基于成本动因分析的作业成本法揭示了“成本为何发生”(这就明确了降低或避免成本发生的落脚点),“成本如何发生”(这是控制成本发生的基本点),展示了成本发生的“来龙去脉”,从而将“成本避免”

(cost avoidance)与“成本控制”(cost control)和谐地统一起来,丰富了成本信息的管理意义。(4)拓展了成本计算与成本管理的空间。传统成本计算方法计算的是产品的成本,关注的是生产过程的效率(efficiency)问题。然而,“局部优化”不等于“全局优化”。21世纪,顾客的需求日新月异,企业产品的生命周期日益缩短。企业对成本产生的根源及其结果的考察必须超越生产阶段,拓展到整个产品的生命周期。作业成本法以作业为核心,“按需取数”,使成本计算与成本管理延伸到整个产品生命周期,从而拓展了成本计算与成本管理的空间,消除了不同行业成本计算与成本管理的“隔阂”,统一了各行业的成本计算与成本管理思维。(5)为会计信息系统(accounting information system,AIS)与企业资源计划系统(enterprise resource planning,ERP)的整合奠定基础。实际上,企业内部业务流程就是企业资源的整合与运用。这就要求企业必须摒弃传统的会计信息系统,超越管理信息系统(management information system,MIS),引入企业资源计划系统。企业任何资源的整合与运用都与作业有关。作业成本法自然而然地为会计信息系统与企业资源计划系统的整合奠定基础。

6.没有足够的证据说明作业成本法能够提供精确的成本信息。因为根据作业成本法,同样存在共同费用的分配问题。

7.战略决定了企业的作业及其发生。通过作业成本法提供的信息可以反馈于战略的制定或修正。因此,作业成本法体现了战略思维。

8.尽管作业成本法导源于高新技术企业,但并非只适用于高新技术企业。从理论上说,只要企业想弄清楚“成本为何发生,成本如何发生”,优化作业链——价值链,就可以运用作业成本法。但是,可以运用作业成本法并不意味着就应该运用作业成本法。因为作业成本法的运用本身就是一项作业成本。企业应该立足于“成本效益”原则评估是否应该运用作业成本法。

9.现代企业是一个为满足最终顾客需求而设计的作业集合体。作业引起成本,因此,可以说成本管理就是作业管理。只要管理好企业的作业,也就管理好企业的成本。

四、计算题

1.

(1)运用传统成本计算方法

直接人工小时=25 000+75 000=100 000小时

制造费用分配率$=\frac{2\ 000\ 000}{100\ 000}=$20元/小时

分配给豪华型打印机的制造费用=20 元/小时×25 000 小时=500 000 元

单位豪华型打印机的制造费用$=\frac{500\ 000\text{元}}{5\ 000\text{台}}=$100 元/台

分配给普通型打印机的制造费用=20 元/小时×75 000 小时=1 500 000 元

单位普通型打印机的制造费用$=\frac{1\ 500\ 000\text{元}}{15\ 000\text{台}}=$100 元/台

两种打印机的盈利能力分析如下：

	豪华型	普通型
单位销售价格(元/台)	1 400	1 200
单位打印机成本		
直接材料与人工成本(元/台)	200	80
单位打印机制造费用(元/台)	100	100
合计	300	180
单位打印机利润(元/台)	1 100	1 020

(2)运用作业成本计算法

计算作业分配率如下：

成本动因	成本库(元)	作业消耗量	作业分配率
工程作业时间	125 000	12 500	10
调整次数	300 000	300	1 000
机器小时	1 500 000	150 000	10
包装单数量	75 000	15 000	5

计算制造费用分配率如下：

成本动因	作业分配率	豪华型打印机	普通型打印机	合计
工程作业时间	10	50 000 元	75 000 元	125 000 元
调整次数	1 000	200 000 元	100 000 元	300 000 元
机器小时	10	500 000 元	1 000 000 元	1 500 000 元
包装单数量	5	25 000 元	50 000 元	75 000 元
合计	/	775 000 元	1 225 000 元	2 000 000 元
单位打印机分配的制造费用	/	155 元/台	81.67 元/台	/

两种打印机的盈利能力分析如下：

	豪华型	普通型
单位销售价格(元/台)	1 400	1 200
单位打印机成本		
直接材料与人工成本(元/台)	200	80
单位打印机制造费用(元/台)	155	81.67
合计	355	161.67
单位打印机利润(元/台)	1 045	1 038.33

2.

(1)运用传统成本计算方法计算各种美食食谱的成本及其利润

$$单位机器小时分配率=\frac{200\ 000\ 元+300\ 000\ 元}{50\ 000\ 小时}=10\ 元/小时$$

精装本分配的制造费用＝10 元/小时×42 500 小时＝425 000 元

平装本分配的制造费用＝10 元/小时×7 500 小时＝75 000 元

各种美食食谱的成本及其利润如下：

	精装本	平装本
销售收入	1 600 000	1 400 000
直接成本(元)	1 250 000	600 000
制造费用(元)	425 000	75 000
成本总额(元)	1 675 000	675 000
利润总额(元)	(75 000)	725 000

(2)运用作业成本法计算各种美食食谱的成本及其利润

计算作业分配率如下：

成本动因	成本库(元)	作业消耗量	作业分配率
机器小时	200 000	50 000	4
检验小时	300 000	15 000	2

计算制造费用分配率如下：

成本动因	作业分配率	精装本	平装本	合计
机器小时	4	170 000	30 000	200 000
检验小时	20	50 000	250 000	300 000
合计	/	220 000	280 000	500 000

各种美食食谱的成本及其利润如下：

	精装本	平装本
销售收入	1 600 000	1 400 000
直接成本(元)	1 250 000	600 000
制造费用(元)	220 000	280 000
成本总额(元)	1 470 000	880 000
利润总额(元)	130 000	520 000

(3)根据传统成本计算方法，该出版社应该停止出版精装本，而根据作业成本法，该出版社应该继续出版精装本。

第十六章　质量成本会计

一、填空题

1.产品或服务对顾客要求的满足程度即设计质量　产品或服务的实际性能与其设计性能的符合程度即符合性质量

2.产品或服务的性能　使用的效果

3.控制作业　故障作业

4.预防成本　鉴定成本　内部故障成本　外部故障成本

5.乘数法　市场研究法　田口质量损失函数

6.账外核算　账内核算

7.传统观　现代观

8.中期报告　长期报告　多期质量趋势报告

9.生产阶段　生命周期

10.生产者　使用者

二、判断题

1.√　2.×　3.√　4.×　5.√
6.√　7.×　8.√　9.√　10.√

三、问答题

1.广义地说,质量是指产品或服务的优劣程度。美国质量控制协会(American Society for Quality Control)对质量所作的定义是:产品或服务自身所具备的特性,使其在被购买时和使用过程中可以满足顾客的要求。可见,对质量优劣的判断标准,与产品或服务能在多大程度上满足顾客的要求密切相关。从这个意义上看,质量就是顾客对产品或服务感知的优良程度。质量包括两个方面的因素:(1)产品或服务对顾客要求的满足程度即设计质量;(2)产品或服务的实际性能与其设计性能的符合程度即符合性质量。设计质量着重点在于产品或服务的性能,符合性质量则着重于使用的效果。

质量成本包括企业为保证或提高产品或服务质量所发生的费用,也包括由于产品或服务未达到相关标准而带来的损失和费用。

对企业而言,质量并非越高越好。因为质量意味着成本。顾客只对其需要部分付钱。超过顾客需要的“额外”质量,顾客是不会付钱的。追求质量“至善”的观点缺乏经济观念。企业必须平衡质量效益与质量成本的关系。

2.质量成本可以分为预防成本、鉴定成本和故障成本(包括内部故障成本与外部故障成本)。

3.从计量的角度看,质量成本还可以分为显性成本与隐性成本两大类。显性成本可以从会计记录直接获取数据。隐性成本属于机会成本,无法直接从会计记录获取数据,其常见的估计方法包括乘数法、市场研究法和田口质量损失函数。

4.通过质量成本核算,企业管理层可以了解企业在生产经营过程中各项费用的支出以及各种质量损失,了解技术、管理等方面可能存在的问题,以便更有针对性地实施质量管理,减少质量损失。同时,通过质量成本核算可以正确归集各项质量费用,计算质量成本总额和单位质量成本,为编制质量成本计划,进行质量成本分析和考核、实施质量成本控制提供完整的数据资料。通过质量成本核算,企业管理层还可以探寻在一定的生产、技术和管理条件下最经济合理的质量水平,权衡质量合格程度和质量成本之间的辩证关系,改善成本结构,降低质量成本。

5.所谓质量成本核算,就是按照产品形成的全过程,从投产前的技术准备过程、生产制造过程到产品销售过程的质量成本核算。它是用货币形态反映产品质量状况,进行全面质量控制的依据。

质量成本核算包括账外核算与账内核算两种方式。账外核算强调质量成本核算体系的独立性,将其与会计日常核算严格区分,单独设置质量成本的记录,由各质量成本控制点进行核算。账内核算利用会计核算的现有体系进行质量成本核算,在原有的会计科目中增设“质量成本”一级科目,下设预防成本、鉴定成本、内部故障成本、外部故障成本和质量成本调整等五个二级科目,分别对质量成本具体项目进行核算。

账内核算方式可以对质量成本的实际发生数额进行比较有效的控制。不过,在操作上比较烦琐。账外核算方式简单易行,但是,在质量成本控制效果方面不如账内核算方式有效。

6.质量成本管理的最终目标是用最少的质量成本,生产出最优质的产品。而能够生产出最优质产品的最少质量成本,就是最优质量成本。对最优质量成本的评价存在两种观点:传统观和现代观。

传统观认为,质量成本结构的控制成本与故障成本之间存在着此消彼长的关系,控制成本增加,故障成本将相应减少。因此,只要故障成本的减少额超过了相对应的控制成本的增加额,企业就应该努力探查和防止出现低质量产品,这样最终将确定一个代表着质量成本总和最低水平的“点”,也即控制成本与故障成本之间的最优平衡点。在这一点上,控制成本的任何增加额都将超过相对应的故障成本减少额。传统观的最优质量水平为可接受的质量水平(acceptable quality level,AQL)。任何一项产品规格指标或质量特征都有上下限标准,不超过该范围就属于合格产品。传统质量观的局限性相当明显,允许甚至鼓励次品生产的观点,无论对消费者还是对企业都是十分有害的。

现代观认为,质量成本总额并非如传统观所描述的那样,达到某一个平衡点之后就稳定不变。随着控制成本的增加与故障成本的减少,质量成本总额也会相应减少,而预防成本与鉴定成本在增加到一定程度后也可以减少,从而使质量成本总额出现永久性减少的态势。可见,质量成本水平是动态的。

7.全面质量管理是一种全新的现代质量管理观念,强调质量管理是全员参与、覆盖产品生命周期全过程的、以工作质量保证产品质量和服务质量的管理体系。其特点主要包括:(1)质量成本管理涉及产品生命周期的全过程,质量成本控制应该从产品的设计和投产开始,而不是仅仅放在生产过程。(2)全面质量管理以全过程“零缺陷”为最终管理目标。(3)由于故障成本发生之后企业要付出的代价远高于控制成本，企业应尽可能及时消除产品的质量隐患，减少、避免完工后的返修返工。(4)强调产品生命周期全过程的质量管理，产品设计、生产与售后服务质量缺一不可。忽视前两者，企业无法开拓市场，而忽视后者，企业难以保住市场份额。(5)从战略的高度权衡质量与成本之间的关系，兼顾企业长远利益与短期利益，确定合理的成本结构。

8.21世纪，企业面临的竞争是国际竞争。这样，质量成本管理必须具有国际视野，因此，质量成本管理必须考虑国际质量标准。

9.质量成本报告制度是企业完善质量成本控制的必要措施。通过质量成本报告，企业管理层可以系统全面地评价当前的实际质量成本情况。

质量成本报告按质量成本的分类详细列示实际质量成本，并向企业管理层提供以下两个方面的重要信息：(1)显示各类质量成本的支出情况以及财务影响；(2)显示各类质量成本的分布情况，以便企业管理层判断各类质量成本的重要性。

通过了解相关信息，企业管理层可以更有针对性地控制质量成本，改善成本结构。

10.产品生命周期成本要求企业对成本产生的根源及其结果的考察必须超越生产阶段，拓展到整个产品的生命周期，同时从生产者和使用者两方面考察成本及其发生的结果。这样，产品生命周期成本就体现了成本的企业观念向成本的社会观念转变。这种转变的意义在于拓展了成本管理的空间和视野，使企业通过成本管理履行社会责任。

四、计算题

1.

某电器仪器公司质量成本报告如下：

单位：千元

质量成本项目	金额
预防成本：	
培训费用	120
设计工程	67
预防性设备维修	20
供应商评估	15
小计	222

续表

质量成本项目	金额
鉴定成本：	
生产线检查费用	55
产品检测设备	88
到货原材料检测	25
小计	168
内部故障成本：	
废弃产品	30
作业中断	40
返工	35
小计	105
外部故障成本：	
退货费用	100
保修费用	68
回收费用	157
产品责任险	20
因缺陷产品而发生的诉讼费用	240
小计	585
质量成本总额	1 080

2.

该公司质量改善计划的成本与效益分析如下：

质量改善计划的成本　　1 000 000 000

质量改善计划的效益：

应减少召回而产生的效益　　247 500 000

(300×110%×1.5×500 000)

减少的保修费用　　60 000 000

[(200－80)×500 000]

因销售量增加而增加的利润　　750 000 000

[(650 000－500 000)×5 000]

质量改善计划效益　　1 057 500 000

因质量改善计划而增加的利润　　57 500 000

因此可见，该公司投资10亿元改善新型车的质量是值得的。

3.

(1)在计算机芯片生产设备上投资 750 000 元替换旧设备的决策可能直接影响预防成本这个质量成本项目。

(2)因为增加预防成本,除了可以减少外部故障成本之外,还可能减少鉴定成本和内外部故障成本。

第十七章　环境成本会计

一、填空题

1.经济效益　生态效益

2.环境问题预防成本　环境问题检测成本　环境内部失效成本　环境外部失效成本

3.作业成本法　产品生命周期评价法　完全成本法

4.修正策略　流程改善策略　预防策略

5.环境效益

二、判断题

1.√　2.×　3.√　4.√　5.√

三、问答题

1.联合国世界环境与发展委员会于 1987 年向第 42 届联合国大会提交了题为《我们共同的未来》的报告,对可持续发展作了如下定义:“在不对后代人满足其自身需求的能力构成危害的前提下满足当代人的需求的发展”。可持续发展观认为,经济的发展与人类赖以生存的自然环境不可分离,在人类社会发展的历程中,只有尽可能提高人类活动的环境效益,消除或尽量减少对自然环境的破坏,经济的发展以至整个人类社会的生存和发展才有了坚实的基础。可持续发展观认识到保护环境资源与人类社会发展之间的辩证关系,强调环境在决策过程中的重要性,成为被普遍接受的资源管理战略,强调人类社会要实现全面和持久的进步,必须综合考虑经济问题、社会问题和生态环境问题。这种观念对企业发展战略的制定产生了根本性的影响。

环境的日益恶化使人类社会开始关注环境资源的保护问题。企业的各利益相关集团，包括政府管理机构、消费者、投资者、社会公众、社区、员工乃至供应商从各自的利益出发，重视企业的环境保护绩效，要求企业遵守环境保护法规和公约，对企业经营活动提出了越来越高的环境保护要求，并需要了解企业的环境保护信息以便做出相应的评价和预测。这给企业带来了全方位的影响。资本市场、消费者及社会公众的积极参与，更促使企业意识到实现其经营目标与妥善处理好环境问题两者之间不是互斥关系，企业对待环境问题的态度，也从被动地遵守政策法规的服从导向逐步转为自发的市场导向，主动采取有益于环境保护的措施，积极改善环境保护绩效，同时有意识地自觉披露履行社会责任方面的信息。环境成本会计观念应运而生。

2.生态效益是世界可持续发展委员会（WBCSD）于2002年提出的一个全新概念。其含义为：企业在减少对环境的负面影响、降低资源消耗和成本支出的前提下，向顾客提供物美价廉的、可以满足需求的产品和服务。生态效益包括四大目标：(1)减少自然资源的耗费如对水资源、土地资源和原材料的耗用，同时也包括提高产品的耐用性，提高其可循环再用的可能性；(2)减少对环境的负面影响，尽可能减少污染物的排放，尽可能使用可再生的资源；(3)提高产品价值，即以较少的原料投入和能源耗费，提供能满足顾客需要的产品；(4)减少环境负债，要求企业对环境风险进行有效的管理。

传统的经济发展模式，自然资源的保护没有得到应有的重视，企业经营目标追求利润最大化，利益相关者对企业的评价总体上以经济绩效为基础，没有延伸到环境绩效。环境问题的恶化、可持续发展观的提出使人类意识到企业的经营活动与自然生态系统是相互依存、相互影响的，单纯以经济价值指标（如利润、GDP）来衡量企业绩效显然不可取。由此，追求生态效益成为基于可持续发展观的企业经营目标的新动向，在追求利益相关者利益的同时，综合考虑经济、环境和社会目标。

3.环境管理会计是在企业经营目标发生转变的前提下，向企业内部信息使用者提供面向未来的、与可持续发展相关的信息，以便企业管理层进行决策与管理，使企业的决策可以实现生态效益与经济效益的协调与统一，最终为实现企业的可持续发展服务。环境成本会计是环境管理会计的一个重要组成部分。它旨在确认、计量和报告企业的环境成本，为实现企业可持续发展提供相关的成本信息。

4.联合国国际会计和报告标准政府间专家工作组对环境成本作出了定义：“本着对环境负责的原则，为管理企业活动对环境造成的影响而被要求采取的措施的成本，以及因企业执行环境目标和要求所付出的其他成本。”而联合国“改进政府在推动环境管理会计中的作用”专家工作组对环境成本所作的定义是:“与破坏环境和保护环境有关的全部成本,包括外部成本和内部成本。”

基于不同的决策内容与环境,环境成本的分类也会有所不同。按环境成本与环境质量的关系,环境成本可以分为环境问题预防成本、环境问题检测成本、环境内部失效成本和环境外部失效成本。美国环保局(US Environmental Protection Agency,EPA)则将环境成本分为传统成本、可能隐藏成本、或有成本、形象与关系成本。按投入与产出的关系,环境成本可以分为环境保全预防成本、环境保全成本、残余物发生成本和产品成本。

5.美国环保局从环境保护的角度将产品的完整生命周期分为资源的耗用、产品的生产、产品的使用以及产品的循环再用和处置四个阶段。

6.企业经营活动影响着环境。企业管理层通过运用三种策略控制其经营活动对环境的影响,从而控制其环境成本:(1)修正策略。其基本含义是“制造污染,再想方设法消除之。”(2)流程改善策略。其基本含义是“改善流程,减少污染或采用无污染的流程。”(3)预防策略。其基本含义是“要避免污染,首先不能制造污染。”

7.环境报告是提供量化环境信息的重要手段。除了环境成本,环境报告还可以提供环境效益方面的信息。这些信息包括:(1)当期增加的收入;(2)减少的成本;(3)当期减少的环境成本。由此可见,企业的环境报告实质上就是企业的环境绩效报告。

8.评估企业的环境成本会计系统的参考标准包括:

(1)企业各个部门环境管理的耗费如何?

(2)是否具备在合适的地方计量环境成本的一致、可靠的系统?

(3)环境成本会计系统如何支持环境管理决策?

(4)如何追踪为了减少排污所需要承担的费用?

(5)如何将管理决策与环境成本相联系?

(6)哪个部门的环境成本管理得最好?

(7)与竞争对手相比,企业环境成本管理水平如何?

(8)企业制造哪种污染?

(9)影响企业经营计划的因素是什么?

(10)谁负责接收环境成本报告?

(11)企业的激励计划是否考虑环境成本因素?

(12)企业如何使经理人承担内部环境成本?

(13)企业的会计系统如何收集环境成本信息?

(14)企业是否具备计量排污的全部成本的必要手段呢?

(15)企业的环境成本会计系统能够揭示减少环境成本的机会吗?

9.企业如何以生态效益为核心,实现财务绩效与环境绩效的协调与统一?这是一个值得深入思考的问题。这个问题目前没有统一的解决方法。国际标准化组织颁布的 ISO 14000 的系列标准包括了 ISO 14031 环境绩效评价体系。该环境绩效评价体系包括环境状况指标和环境绩效指标,而环境绩效指标又包括经营绩效指标和管理绩效指标。此外,ISO 14031 还根据指标的性质和复杂性,将环境绩效指标分为绝对指标、相对指标、指数指标、加总指标和加权指标。平衡计分卡(balanced scorecard,BSC)思维有助于构建以生态效益为核心,财务绩效与环境绩效相融合的综合绩效评价体系。

对这个问题有兴趣的读者可以进一步参阅:联合国贸易与发展会议:《企业环境业绩与财务业绩指标的结合》,中国财政经济出版社,2003 年版。

第十八章　目标成本法

一、填空题

1.市场意识　战略思维

2.单位产品竞争性市场价格　单位产品目标利润

3.市场

4.功能分析

5.成本

二、判断题

1.×　　2.√　　3.√　　4.×　　5.√

三、思考题

1.基于市场经济环境,企业已经成为市场的主体。企业的一切生产经营活动都要以市场为导向。市场决定着绝大多数企业的产品价格,企业的产品成本只有接受市场的检验,并且低于市场价格,成本所代表的效率才能转化为效益。企业为了创造价值,就必须以市场为导向,以市场价格确定产品成本。因此,企业应该以竞争性的市场价格为基础,根据企业的目标利润,确定产品应该达到的目标成本，以此主动、事先控制产品成本的水平。目标成本的计算公式为“单位产品目标成本＝单位产品竞争性市场价格－单位产品目标利润”。由此可见，目标成本法是以市场为导向的成本会计思维。目标成本法以具有竞争性市场价格和企业的目标利润倒推出目标成本。这里的“目标利润”体现了企业的长远发展战略要求，而“竞争性市场价格”则体现了市场导向。市场价格的确定本身就是一个博弈的过程，它既是企业本身应该接受的价格，又是企业现有和潜在竞争对手都应该接受的价格。因此，以市场价格为导向实际上就是“知已知彼”的战略思想之体现。

2.企业实施目标成本法的基本步骤包括：(1)设计并生产满足顾客需求的产品；(2)根据顾客与竞争对手的情况以及企业的战略目标，确定单位产品竞争性市场价格和目标利润；(3)根据单位产品竞争性市场价格和目标利润确定单位产品目标成本；(4)借助价值工程实现目标成本的要求。

3.目标成本法的精髓在于以市场为导向，以市场竞争性价格和企业的发展战略确定应该达到的成本水平。这就决定了企业实施目标成本法必须具备一定前提条件：(1)能够确定相对稳定的竞争性市场价格；(2)能够确定目标利润；(3)目标成本只是产品成本的总括数据；(4)转变管理思维。

4.价值工程是以功能分析为核心，以合理的成本实现产品必要的功能，从而使产品价值最优化的一种有组织的活动。在这里，“功能”是指产品所担负的职能或所起的作用。它实际上就是产品的使用价值，相当于“质量”；“成本”并非一般的产品生产成本，而是指为实现产品的必要功能所发生的全部成本(相当于“产品生命周期成本”)；这里的“价值”是指产品的功能与成本的比值。实际上，“价值”就是人们通常所说的产品的性价比。功能、成本和价值三者之间的关系，用公式表示就是“价值＝功能/成本”。企业要实现价值工程的目的，只能从改善功能和降低成本两个方面动脑筋。价值工程就是围绕这两个方面而展开的。基于市场经济环境，顾客只对需要的功能付钱。多余的功能将使成本提高，但又得不到补偿。通过产品的功能分析，企业就可以发现哪些功能是必要的，哪些功能是不必要的；哪些功能是过剩的，哪些功能不足，从而提出产品的改进方案。去掉不必要的功能，削减过剩的功能，补充不足的功能，使产品的功能更加合理，在满足产品必要功能的前提下，降低产品成本，提高产品的竞争力。

5.目标成本法确定的目标成本只是对产品成本提出明确的目标要求。这些要求如何实现，还需要价值工程的配合。因此，目标成本法是目标，价值工程是实现目标的手段。

6.企业所处的市场(竞争)地位决定成本信息的用途。如果市场充满竞争,企业只能是价格的接受者,成本的高低就是从企业能否生存的基础。企业只有加强成本管理,将成本控制在价格以内,才能获得利润,从而得以生存。竞争性企业是价格的接受者,必须以市场可以接受的价格,确定其单位产品成本。也就是说,通过单位产品市场价格和目标利润倒推出单位产品成本。用公式表示就是"单位产品成本=单位产品市场价格-目标利润"。如果市场没有竞争,企业就是价格的制定者,成本的高低就是企业确定价格和利润的基础。处于垄断地位的企业是价格的决定者。单位产品成本就是垄断性企业确定单位产品市场价格的基础。垄断性企业通常采用"成本加成法"定价。也就是,在成本后面就上一个目标利润,就是产品的市场价格。用公式表示就是"单位产品市场价格=单位产品成本+目标利润"。